不寻常的一年

全球学校教育观察

第2版

An Unusual Year:

Global School Education

Observation

李永智

[德] 安德烈亚斯·施莱歇尔　　　著

上海教育出版社
SHANGHAI EDUCATIONAL
PUBLISHING HOUSE

谨以此书，

致敬全球最大规模有组织全日制在线教学的参与者和亲历者！

序

上海：疫情没让一个学生失学

2020 年初，新冠疫情突然暴发，很快肆虐全球，也使人类的脆弱性及其面临的挑战暴露无遗。小小病毒在过去的两年中已经打乱了全球 70 亿人的生活，造成了 3 亿多人感染，夺走了 300 多万人的生命。无数工厂停工停产，国际贸易严重受阻，许多劳动者陷于失业贫困，全球经济至今仍处于艰难缓慢地恢复之中。

在我们特别关注的教育领域，疫情使全球 16 亿学生因学校关闭而停课，6300 万教师深受疫情影响，2.67 亿儿童因为失学而吃不上学校营养午餐，数百万儿童，特别是大量女童可能因此永远无法返回校园。新冠疫情还使全球教育陷入"一场危机中的危机"，因为它不仅剧烈地冲击着当下，而且还影响着未来。疫情一方面正在抹去过去几十年的全球教育发展成就。正如联合国教科文组织指出的："第二次世界大战后几十年人类为全球教育发展所作的努力和取得的成果可能因疫情受到损害，甚至付之东流！"另一方面，疫情又影响着一代人的未来发展和世界各国的经济发展。世界银行的专家预警："这一代学生有可能永远难以充分发挥自身能力，挖掘收入潜力"，这一代人将面临"终身收入减少约 10 万亿美元的风险，这个数字几乎相当于全球 GDP 的 10%"。

如何面对这场世纪疫情？如何才能做到"停课不停学"，让教育损失降低到最小程度？这是各国政府和国际社会不得不正视的问题与重大考验，也倒逼世人创新教育方式，尝试以现代信息技术去战胜挑战，以人工智能去迎接教育的未来。作为一名读者，笔者发现本书编著者匠心独运，本书由上、中、下三篇组成。

上篇和中篇是时任上海市教育委员会副主任李永智的著述。作为分管信息技术和应对新冠疫情的重要决策者，李先生真实准确地记录了上海教育决策者们临危不乱、人民至上、专业把控、协同各方、迅速行动的决策过程，充分展现出上海市政府和教育决策部门"不让一个学生因疫情失学"的坚定意志，创新运用信息技术解决"停课不停学"难题的勇气智慧，系统设计教学与技术、编写录制与多媒体传输、全市播出与学校辅导的统筹规划，以及协同政府部门与公私企业、传统与新兴媒体、全市优秀教师的动员整合能力。在此基础上，作者汇聚与提炼出疫情应急状态下，用最新信息技术保障教育教学的上海方案和中国经验。决策者们每天都以人为单位进行统计，绝不让一个学生没有电子接收设备，千方百计送机上门教会学生使用，实现全市及时"清零"，保证 2020 年 3 月 2 日基础教育全学段准时开学。作为一名走过五大洲 40 多国、又成长和工作于这座城市的国际比较教育工作者，笔者心中充满着敬佩、感动与自豪！

下篇是经济合作与发展组织（以下简称 OECD）对其 30 多个成员国的专题调查报告。从报告中，我们不仅能够看到，作为具有全球影响力的国际组织，OECD 就新冠疫情对全球教育负面影响的深刻剖析、对信息技术在未来教育中的前景展望，还能够看到 OECD 成员国广泛采用多种先进信息技术，有效应对疫情阻断人际交往造成的教育危机。但同时，报告也让我们发现，一些 OECD 成员国应对新冠疫情政策的犹豫不定与反复折腾。许多国家一轮又一轮地关闭学校，关闭学校总天数居高不下。而政府能力有限，又致使贫困家庭与富裕家庭子女的数字教育鸿沟不断加深、学业成就差距在疫情中继续扩大。在一些发达国家，甚至也出现了贫困学生因学校关闭而"午餐断供"的情形。

在上海经验中，笔者最为看重的是：第一，大规模线上教学使普通中小学，特别是郊区、相对薄弱学校的学生，能有机会接受优秀教师的高水平教学，实际上促进了教育优质均衡发展。第二，线上教学也使普通一线教师有机会全程观看和聆听一流教师的教学，使教师有机会向优秀教师学习，从而更新了教师的教学理念，提升了技术运用水平，保证了日常教学质量。笔者更希望，线上教学中积累起来的电子教学资源成为宝贵的公共产品，继续被广泛地反复学习使用。这些资源不仅可以让学习水平、速度和需要不同的学生多次重播、各取所需，为解决不同问题、实现各自目标而重复使用，还可以成为学校一线教师日常教学、备课教研的专业学习观摩内容和引领发展的标杆工具。愿这些集中了上海智慧的信息资源被常用常看、常学常新，陪伴上海教师的专业成长！

疫情终将过去，教育薪火永续。信息技术和人工智能已经在我们战胜疫情的过程中显示出巨大能量，也一定会成为未来教育中因材施教、精准服务的有力工具，形成崭新生态。让我们以人类的智慧和热情去把握和驾驭吧！

充作序。

张民选

2022 年元旦

目 录

Contents

注：上篇、中篇为李永智著，下篇为安德烈亚斯·施莱歇尔著，李永智译。

下篇　全球学校教育现状

上篇

危机中的全球学校教育观察①

---

① 本篇作者为李永智。

在全球地缘政治危机加剧背景下，2022 年 9 月召开的联合国教育变革峰会指出，自 2020 年以来，新冠疫情已损害全球 90% 以上儿童的学习，造成有史以来对教育的最大破坏，所有国家中有一半削减了教育预算，进一步加深了全球性学习危机。联合国秘书长安东尼奥·古特雷斯表示，教育已经不再是伟大的赋能者，反而迅速成为巨大的分裂者。如果有一粒种子可以防止未来的气候变化、暴力冲突和贫困，那就是今天的教育。130 多个国家在联合国教育变革峰会上承诺重启其教育系统并加快采取行动结束学习危机。

一场危机中的危机

2020 年以来，全球笼罩在新冠疫情的阴影之下，人类的脆弱性与面临的挑战在这场危机中暴露无遗。不断变异的病毒在过去的近三年里，已经打乱了全球 70 亿人的生活，造成了 1 亿多人感染，数百万人丧生。人们用尽一切能够遏制病毒传播的隔离措施，然而这些措施在阻断病毒传播的同时，也造成企业停工停产，国际贸易交流严重受阻，失业率上升，陷入贫困的人群增加。新冠疫情给全球经济发展带来了无法估量的损失。

在经济领域之外，特殊的健康环境让全世界的学校教育系统面临前所未有的危机。2020 年，188 个国家的 15 亿学生一度被挡在校门外，数百万儿童，尤其是大量女童，在获得可能改变他们生活的资源方面面临巨大障碍。据联合国统计，2021 年，有 2.44 亿儿童和年轻人失学。截至 2022 年秋天，估计有 64.3% 的 10 岁儿童无法阅读和理解一个简单的故事。这意味着，几年后，二分之一的人将无法理解一段文字。8.4 亿年轻人将在十几岁时离开学校，丧失未来的工作资格。

新冠疫情使全球教育陷入了"一场危机中的危机"。它不仅剧烈冲击着当下，而且还影响着未来。联合国教科文组织指出，第二次世界大战以后几十年，人类为全球教育发展所作的努力和取得的成果可能因新冠疫情受到严重损害，甚至付之东流！然而，只有不到一半的国家制定了帮助儿童补偿学习的战略。如果不能及时有效解决学习危机，世界银行认为，这一代学生有可能难以充分发挥自身能力和收入潜力，这一代人将面临"终身收入减少约 10 万亿美元的风险，这个数字几乎相当于全球 GDP 的 10%"！

种种隔离措施使学校陷入停课以及关闭校园的不确定性中，学生常常不得不选择居家线上学习。此次联合国教育变革峰会总结中提到，自 2020 年以来，全球约有 1.47 亿学生失去了一半以上的面对面教学。这一切极大地冲击了学校教育的完整性和有效性，改变了学生的生活和学习方式。

第一章　危机中的全球学校现状

OECD 在 2020—2021 年，联合哈佛大学进行了一次特别调查，搜集了教育系统内可进行统计比较的数据，跟踪其随疫情变化的发展情况，对比探究了一系列主题：丧失的学习机会和弥补这些机会的应急战略、为教师提供学习和工作条件、行政管理和财务管理等问题。特别调查中指出，在学校停课期间，多媒体数字资源成为教育的生命线。多媒体数字技术不仅是应对疫情暴发期间的权宜之计，还使得人们在学习内容、学习方式、学习地点和学习时间方面找到了全新的答案。

一、对学生的影响

几乎所有的 OECD 国家都迅速增加了学生和教师的数字化学习机会，并鼓励新的教师合作形式。特别调查的结果表明了各国的共同选择：广泛应用网络平台于各级教育，尤其是在中学教育阶段。今天，多媒体数字技术已不仅在教授知识，同时也在观察学生如何学习，识别他们感兴趣的任务和主题，以及觉得无聊或困难的问题。这比传统课堂更能精确地适应每个人的学习方式。同样，虚拟实验室给学生提供了更多、更充分地在实验中设计、操作和学习的机会，而非单纯地刻板操作了解事实。

然而，特别调查也描述了多媒体数字学习资源在获取、质量、公平和使用方面受到的诸多限制。在新冠疫情期间，有效的校外学习对学生的自主性、独立学习能力、执行能力和自律能力都提出了更高要求。

二、对教师的挑战

尤其值得一提的是，向数字教学模式的过渡对教师的工作产生了深远的影响。这场危机要求教师学习新技能并准备适合线上虚拟学习环境的教学材料。数字技术可以将教师角色从传授知识者提升到知识的共同创造者、教练员、导师和评价者。特别调查显示，各国为教师在疫情期间进行专业学习提供支持，为教师提供信息技术的培训和与信息技术相关的专业学习，培养教师的数字化学习能力。

三、对整体教育系统变革的催化

从某种意义上来说，这场危机激发了许多国家教育系统中的巨大创新潜力。一些国家即使在艰难的新冠疫情大流行的背景下也能保障学校的开放和安全。在需要关闭学校的地区，许多国家做出了努力，以减轻对学习者、家庭和教育工作者的影响，同时给予那些最边缘群体特别的关注。各国还采取了一系列方法来确保数字教育的高覆盖率，包括灵活的、自定步调的数字平台以及与移动通信运营商和互联网公司达成的协议，这些尤其确保了小学阶段学生能够获得数字教育资源。

第二章　被催化的数字教育

新冠疫情下的在线教育，既是对教育数字化建设成果的检验，也反映了教育部门在疫情来临之际的决策与应对，开启了数字技术赋能传统教育的新纪元。新冠疫情期间在线教育相关工作的经验与收获，为未来持续性的教育数字化转型提供了基础。

一、数字教育从替补到主力

教育数字化转型过程中，主要应用场景在学校，而不在家庭。之前投入的重点主要是教育基础设施、教学硬件设备的教育数字化及教育管理的应用，并没有与课堂教学有机充分融合，没有形成常态化、系统化和标准化。

疫情下的教育系统，学生与教师都切身体验了数字化学习的全流程。学生签到、资料分发与收集、作业数字化批改与统计，在线文档协作、直播答疑互动，个性化资源录制，师生和家长亲身体会到了教学形态、流程、模式上的新变化，体验了新的教与学的生态系统，体悟了学校、教育、课程、教师等概念内涵被赋予了新的定义，这无疑在教育数字化的历史上具有里程碑意义。

二、优质共享从梦想到现实

新冠疫情暴露了区域之间、城乡之间的教育差距问题，也催化升华了当下的教育供给形态。疫情下，部分地区存在网络供应不上、硬件资源跟不上的问题。在保障中小学在线教育有序进行方面，全球绝大部分国家和地区多只是被动将教学交给学校，甚至教师，化整为零各显神通。但也有一些地区采取了系统有效措施保障教育均衡，组织各网络平台开放大批优质学习资源，满足学习者的不同学习需求。

疫情下，上海市政府和教育决策者们充分展现"不让一个学生因疫情失学"的勇气智慧，系统设计实施"全在线、全日制、全学段、全覆盖、全媒体、全免费"的空中课堂。大规模线上教学使普通中小学，特别是郊区、相对薄弱学校的学生，能有机会接受优秀教师的高水平教学，实际上促进了教育优质均衡发展；线上教学也使普通一线教师有机会全程观看和聆听一流教师的教学，向优秀教师学习，从而更新教学理念，提升技术应用和教学水平。

优质均衡一直是全球教育持续追逐的梦想之一，上海疫情下大规模在线教育的成功实践，为其提供了可能路径的实践案例。

三、技术应用从争议到期待

新冠疫情中的教育实践，引发了人们对教育中技术应用的新思考新期待。在线教育中，教师面临如何对学生进行有效监督和管理的难题。如何将教师与学生间的技术连线有效转化为教学连线？如何保持传统课堂学习者间的共同体连线？如何创设有效的在线测试模式？等等。这些都是在线教育面临的直接难题。此外，面对学习者的态度和能力各不相同，教学中教师如何实现从面向小班学生到面向全部学生的积极转变，也需要较长的探索过程。为学生定制的个性化教学方案、推送个性化作业任务等的"自适应教学系统"，值得期待。人工智能技术与大数据技术相结合，数据驱动大规模因材施教，充分应用优质教育资源惠及每一所学校和每个学生，应成为未来教育发展的基础。

四、数字教育从无奈到常态

疫情下的在线教育是危机中的无奈之举，但数字教育是人类从工业社会进入信息社会的必然选择。危机中的在线教育也让近些年来讨论的翻转课堂、探究式学习等模式得以深入实践和系统探索。校长和教师虽然反映在线教学存在缺乏师生互动、缺乏技术保障等问题，但普遍对在线教学产生的积极因素持总体肯定态度。如何在后疫情时代的常态教学中融入和应用积累的经验，正在成为教育工作者当前主要关注。不少学校正在全力探索将积累的优质在线资源和教学方式融入传统线下学习中。作为势在必行的数字教育，正在经历以技术为本到以人为本的回归、从碎片化到系统化和从脉冲式到常态化的过渡。如何建构新的教学范式，将成为全球教育变革和数字化转型的重点探索领域。

第三章 以教育变革化解危机

当今世界，地缘政治危机正在恶化，气候变化危机不减反增，新冠疫情的持续迟滞了全球化进程，贫困问题除中国外仍在蔓延。由此加剧的全球教育危机已引起国际社会广泛关注。在 2022 年 9 月联合国教育变革峰会上，130 多个国家承诺优先发展教育，三分之二的国家承诺补偿经济薄弱社区的教育支出，近二分之一的国家承诺优先弥补青少年学习损失，三分之一的国家承诺保障学生和教师身心健康。会议一系列声明强调了教育在实现所有可持续发展目标、化解诸多社会危机方面的作用。诚如联合国秘书长古特雷斯先生所言，如果有一粒种子可以防止未来的气候变化、暴力冲突或贫困，那就是今天的教育。

此次联合国教育变革峰会强调聚焦数字学习和转型，利用数字技术推动远程学习的创新发展。这种创新发展，不能简单理解为对传统教育的改善，不是微观局部技术应用的迭代升级，而是围绕教育理念更新和教育模式变革的系统性改变，外部建构教育新生态，内部重塑教育新形态。需要指出，尽管是系统性甚至革命性改变，教育促进人的发展和社会发展的宗旨不会变，也不能变，必须坚持按教育规律办事，依人才成长规律育人。

一、建构数字时代的教育理念和教学范式

传统的教育教学理论基本都是建立在对现实的、面对面的教育活动的认识之上。新的融合数字技术的线下线上教育，虽然教育目的和教育本质不会改变，但教育的外部生态和内部形态发生了变化。过去有关学生成长阶段、学习特征、课程形态和教学模式等的认识，都需要有新的研究来支撑，建构新的支

撑理论和实践范式，重塑教育理念、体系和内容。

全面发展的教育目的，如何通过数字教育得到贯彻？数字教育发展初期，如何避免对"知识"的片面重视？从危机中线上教育实践来看，囿于支撑师生互动的技术和设施保障能力局限，在线教育的前景热点更多被局限在"内容分享"功能上。关于知识学习的线上功能往往会被首先开发，如名师教学视频、个性作业系统等。因此，如何弥补道德的社会塑形力量缺失，如何配备体育锻炼的空间和时间，并且减少网络学习带来的视力下降、肥胖率上升等一系列健康问题，如何保证学生能够在网络中培养欣赏美和创造美的能力，如何在虚拟的空间中继续培养学生的劳动意识和劳动素养，都是需要攻克的难题。

未来数字教育的教学过程将会以怎样的形态和范式展开？在线教育有可能将师生间的学习互动模式，扩展为以学生自主学习为主、智能技术辅助、数字资源支撑的新学习形态，但这种学习形态尚未以一种人们能清晰理解的方式展现在大众面前。反而，一方面学生学习自由度受限，另一方面学生自律性有限，导致不能自主地按照计划开展学习等情况仍较普遍。哪些问题是真正的问题，哪些问题会随着数字教育的开展而淡化，需要更深入的观察思考。

二、优质资源和应用共享促进区域均衡

数字化内容分享和应用系统复用的边际成本极低，迁移与使用对技术和设备的要求相对也不高，利于优质内容资源大规模覆盖薄弱校，利于成熟好用的应用系统广泛复用到空白校，对于抬高底部、促进高质量教育均衡效果明显。2020年疫情下上海大规模在线教育中还发现，优质教育资源共享在促进薄弱校教师教学水平提升和激发强校教师活力方面同样效果明显。

从中国教育扶贫和教育均衡发展的经验来看，当前全球范围内，推进优质教育资源共享，是短期化解经济薄弱国家教育危机最为直接和有效的方案。但是需要清醒地认识到，优质资源和应用的共享，并不能解决教育发展到工业时代与数字时代交汇期面临的矛盾和深层次问题。

三、提升全民数字素养与技能

从世界范围来看，教育的根本任务是培养合格的社会公民和建设者。全面提升师生数字素养与技能，是教育数字化转型的根本目标。

数字素养与技能是数字社会公民学习工作生活应具备的数字获取、制作、使用、评价、交互、分享、创新、安全保障、伦理道德等一系列素质与能力的集合。提升全球学习者数字素养与技能，培养具有数字意识、数字化逻辑思维、终身学习能力和社会共同体责任感的数字公民，激发其建设人类命运共同体的积极性、主动性、创造性，无疑将从根本上奠定化解未来人类社会重大危机的基础。

四、创建高质量个性化终身学习体系

一个适应新时代发展需要的高质量教育体系，是教育数字化转型的具体呈现。创建的基本遵循是：让每个孩子享有人生出彩的机会。核心是"以人为本"，关键在"因材施教"，动力源于学习者兴趣，数据驱动大规模因材施教成为新的教育核心范式。为每个人提供最适合的教育，不仅成为可能，而且成为首要指向。具体应当包括：

聚焦人的全面健康快乐成长，设计更具弹性的个性化学制。将工业社会学校教育体系最终升级为个性化终身学习体系。建构大规模个性化自主探究学习范式。充分满足学习社会性与个性化结合的要求。为每个学生提供更加适合的学习生态。以学习者为中心。通过数字技术，教师帮助学习者发掘个人潜质，激发学习兴趣，指导、督促学习者在最具天资、最感兴趣的领域，用最科学、最有效的方式自主学习。将工业社会备用式知识学习升级为学习者能力建构。可即用即查（学）的知识将逐渐从教育内容中被剥离。数字意识、计算思维、数据治理和综合创新能力构成新的教育内容主体。

数百年未有之大变局，世界陷于史无前例的危机。这一切提醒我们，技术进步未必带来文明永续，七十年世界和平未必意味着和平自然而然，原以为势不可挡的经济全球化趋势可能逆转，人类命运共同体理想的共识还远未达成。教育危机既是今天的危机，更是明天的危机，变革势在必行，迫在眉睫。各国各地区面临的主要问题可能不同，但都是人类需要共同面对和解决的危机中的问题。

中篇

上海全员全日制在线教学的实践①

---

① 本篇作者为李永智。

全日制在线教育：非常时期的非常之举

2020 年春季学期，面对突如其来的新冠疫情，上海市教育部门积极应对、统筹谋划、统一指挥。各方迅速集结，通力合作，统一行动，再造流程。最终，在疫情严峻、时间仓促、保障暂缺、毫无经验的情况下，全市约 330 万师生，采用全在线方式，发挥全媒体优势，基本完成了整学期全日制教学任务，获得了各方一致肯定。

参考 OECD 发布的《新冠疫情下世界各国学校教育观察（The State of School Education: One Year into the COVID Pandomic）》，回顾这一"非常时期的非常之举"，其成功与意义仍然是空前的。这一做法难度与复杂度不仅在于同时组织 300 多万师生完整实施全日制在线教育，统筹发挥从纸媒、有线电视到移动互联网各种媒介优势，综合调度从光纤链路分配、网络加速设备（CDN）部署到每天超过 165G 的资源录制、审核、传送及通过十几个渠道的统一分发；还在于对教育规律的尊重和对教育效果的追求。例如，以市级优秀教师为主，我们为每个年级的每个学科组织教研团队，根据在线教学特点，重新解构建构知识点，制定教学方案，将传统 45 分钟左右的一节课，拆分为讲授和互动两个部分。而这一切都是在非常时期，没有资源增量的情况下，教育行业内外通力合作完成的。

所有参与的工作人员都是毫不犹豫地自行克服困难、第一时间响应并积极加入进来的。接到通知，上海市电化教育馆和上海市教委信息中心的工作人员，立即全员进入 24 小时待命工作状态，梳理盘点在线教育软硬件资源，研究设计具体落实的技术方案，联络统筹教育行业内外相关人员组建团队。分散在全国各地正在过春节的工作人员，能赶回的立即赶回，受疫情影响无法赶回的在线加入，各公司将没有带工作电脑回家人员的电脑快递到家，核心人员想方设法进入因疫情锁闭的办公室。疫情的阴影和健康的风险没有影响大家的参与热情，反而激发了所有人的潜力。时至今日回想起来，仍然让人感动。其中最让人难忘的是晓黑板公司的技术团队，分散在全国各地的技术人员组成在线工作团队，实时连线协同开发所需平台系统，个人任务完成就躺下休息一下，伙伴需要的时候就在线叫醒，接着继续工作，持续联线常常超过48小时。这样的例子，各单位、各公司并不鲜见。

2020年5月，经济合作与发展组织（OECD）聚焦疫情下学校教育，组织召开国际会议，50多个国家的部长级官员参加，我受教育部委派，在线参会。我在会上发现，所有发言国家的在线教学都是交由学校甚至教师自行组织的。在上海这样的超大型城市开展全员、全学段、全日制的在线教学，在当时疫情严峻形势下，意义非凡，压力也不同寻常。首先，迅速帮助学生恢复正常的学习生活，能直接带动学生所在的家庭、社区稳定下来，从而尽可能减少疫情带来的次生负面影响，进而促进全社会生活秩序的稳定，有利于社会政治经济运行早日回归正常。这在前有SARS阴影，突然陷入社会停摆，新冠发展难以预料的2020年春季，尤其重要。其次，学生的每个学习阶段一生只有一次，任何敷衍和错过都可能成为其一生的缺憾和损失。对于数百万的学生群体来说，影响更是宏观和长远的。更难得的意义是，对教育数字化转型来说，这一被动变革具有积极意义，不仅可以催化教育的数字化转型，而且可以在实战中锻炼、培养教师队伍，促进广大学生"被迫"习得基于数字技术的自主学习能力。

上海市中小学在线教育工作团队荣获中共中央、国务院、中央军委联合授予的"全国抗击新冠疫情先进集体"。

我从设计者、实施者、亲历者的角度，详细记录了疫情下的上海全日制在线教育的背景、酝酿、准备和实施的方方面面情况，并就其对教育数字化转型的影响作了分析。谨以此书，作为对全体参与者的致敬和感谢！

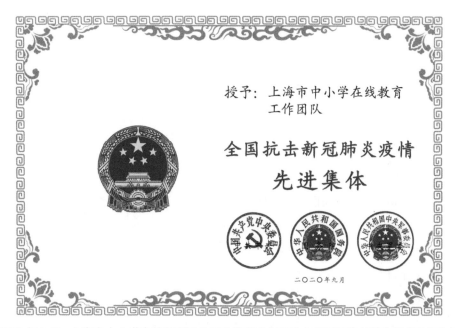

2020 年 9 月，上海市中小学在线教育工作团队荣获"全国抗击新冠肺炎疫情先进集体"称号

第四章 条件分析

2020 年春季学期，上海原定 2 月 18 日开学。教育部门最初意识到疫情恶化可能影响正常开学，是在 1 月 23 日武汉封城之后，当时距开学已不足 1 个月。此后，尽管最终开学时间推迟到 3 月 2 日，但确定采用在线方式全面开学已经是 2 月 2 日。在没有任何借鉴和预案的情况下，不到 30 天，我们需要组织实施约 330 万人参与的全日制在线教育，这是史无前例的。且正值春节假期和疫情突发期叠加，未知和不确定性叠加，恐惧和紧急叠加，困难超乎寻常。

第一，没有成熟的全日制大规模在线教育范式。在此之前，世界各地从未实践过大规模全日制在线教育。全日制在线教育是指教学规划组织、教研备课、课堂教学、师生互动、作业测评等教学工作全部在线上开展。对此，教育领域缺乏全面系统的实践积累和理论提炼。上海各区、各校都没有开展全日制在线教学的经验和预备，成熟的教育范式更无从谈起。

第二，没有系统的全学科全学段在线内容准备。一方面，多年来建设的"一师一优课"、视频教学录像等一大批在线教学资源，缺乏系统性和一致性，难以整合支撑任何一个班级的任何一个学科使用。另一方面，为了保证效果，针对在线教学特点，上海中小学在线教学方案要求每堂课的长度缩短为原来的 1/2 左右。按

1. 没有成熟的教育范式
各区、各校没有成功开展在线教学的经验，没有成功可借鉴的模式

2. 没有系统的内容准备
过去建设的"一师一优课"、专题教育等教学资源呈碎片化状态，系统性和针对性不强

3. 缺乏基础设施保障
带宽资源、云资源缺口很大，各网络平台的并发量严重不足，高校、教育局对网络资源匮乏的认识严重不足

4. 缺乏师生能力支撑
绝大多数教师缺乏开设网课的经验，家长对学生开展全程网上学习表示担忧，7000 余名学生既无电视也无手机、电脑或平板电脑

5. 缺乏充足的时间、资金和队伍
任务重、时间紧张，没有资金预算，技术队伍缺乏经验，且大量技术人员在外地无法返回

6. 有期待、压力、要求、前车之鉴……
用不到一个月时间，准备 300 多万学生和 30 万教师的全日制在线教育，史无前例，风险很大，但别无选择

图 4-1 组织全日制在线教育的主要困难

此要求，所有学科所有学段的教学内容，需要重新划分学习单元，重新组织教研，重新准备教案，在线教学内容需要全新制备。

第三，缺乏基本的网络基础设施保障。300多万人同时在线视频，需要数倍、数十倍当时具有的带宽资源、云资源和核心中枢并发能力，如果增加互动，所需网络带宽和并发资源更是难以预计。即使使用电视播放，最少也要12个频道，这也是平时不敢奢望的。当时疫情严峻，短时期内扩容升级是不可能的。

当时所有在用的网络平台和系统，都没有经过大并发的考验。疫情发生后，国内多省市超十万量级的并发导致的网站崩塌不时发生，市、区及学校基于常态开发的平台和系统更如"温室内的花朵"。如果将在线教育所需网络基础设施比作上海城市交通所需基础设施的话，当时面临的困境就如同：原本通过轨道公交通勤的约1700万市民，突然都要驾车通过高架路上下班，而且高架路短期内无法新建，大量的市民或没有车，或根本就不具备驾驶的能力，还要同时出行。

第四，缺乏师生相应的数字素养与技能的支撑。当时，经初步调研，我们了解到，绝大多数教师未使用过在线系统开展教学，缺乏开设网课的经验，甚至对学习使用在线教学平台存在抵触和畏惧情绪。家长普遍对全日制在线学习效果表示担忧。全市仍有7000余名学生既无电视也无电脑、手机或平板电脑。此外，全市16个区的师生之间、校与校之间、区与区之间在教学基础、教学水平和信息素养方面参差不齐，十多万人（每个年级）一张课表，同上一堂课，如何驾驭对每一个承担的教师团队都是挑战，怎样兼顾十万多学生间差异也是不容忽视的问题。方案设计之初，时任教研室主任力主必须每个年级再按学生基础不同分三个层次，最终在看到资源的拮据后，无奈不再坚持。

第五，时间仓促，资金和队伍无法及时到位，人员协同受疫情阻碍。2020年2月9日，上海市教委讨论通过《上海市大规模在线教育方案》，决定基础教育相关的全体师生及技术人员于2月25日第一次演练，28日第二次演练，3月2日正式开始在线教育。整个准备时间不足两周。由于处于疫情和寒假期间，所有项目的软硬件和开发调试费用没有预算，也没有承诺，暂由各单位自行解决。因为疫情隔离措施和人员往来限制，技术队伍前期分散在全国各地无法返沪，各单位不得不将工作电脑快递至技术人员的住所，所以很多前期工作基本只能在网上进行，协同效率和效果难以保证。

第六，疫情下的社会焦虑对教育形成多重压力。长时间、大范围的居家隔离使人们变得敏感脆弱。长久以来对教育的普遍关注，让每一次教育改革都战战兢兢、如履薄冰。疫情之下，教育行业内外对"延迟开学还是在线开学""以电视为主渠道还是以网络为主渠道"等问题，更是争论激烈。大家深知，此时行动稍有不慎，易引发社会舆情，影响防疫大局。

但是，在突发的困境下，每一名参与的工作人员，不仅没有退缩，没有畏惧疫情带来的威胁，没有想过简单应对和应付，而是始终以积极的精神、科学的态度、忘我的付出，周密谋划，稳慎施策，追求"危机中育新机，变局中开新局"，最终成功设计实施了"四全"在线教育。

第五章 方案制定

面对种种困难，上海的市领导对开展全面规划的基础教育在线教学工作高度重视，深入调研，认真听取一线教师和学校负责人的意见和建议，并多次做出重要指示，多次组织召开政府部门和相关企业参与的协调推进会议。上海市教育行政管理部门在第一时间组建市级在线教学推进工作组，负责落实市领导各项部署要求和具体工作任务。在三次全市师生大调研和多方组织协调的基础上，上海市在线教育方案八易其稿，最终明确了全市在线教育开展的指导意见和具体措施，制定了《上海市大规模在线教学方案》，为完成好各项教学任务确立了"指南针"。

《方案》不局限于简单解决问题，而是积极争取在危机中为广大学生尽可能提供最好的教育，探索教师指导下的学生自主学习和提高。《方案》设计中力求做到了以下几点。

一、"四全、四性、四原则"的指导思想

开展面向全市全体师生的在线教育，既要遵循教育规律，根植于地区教育发展实际，又要面向未来，为推进教育数字化转型和教育现代化积累实践经验。基于这样的目标，我们明确了开展在线教育的"四全""四性"和"四原则"。

全日制
完整的教育，要有升旗、班会、课间操、眼保健操，有上课、辅导、作业、互动

全覆盖
全学段和全员参与，一个都不能少，要实施优质、均衡、公平的教育

全媒体
不能只是电视教学，要有文字、图片、动画、声音、视频，要有直播、录播、点播、回看，还要有交互、电视、网络、大屏、小屏多种模式呈现

全免费
教学课程不能向教师、学生收费，还要教师和学生不增加其他投入，没有终端设备的家庭可以向学校免费借用

图 5-1 全日制在线教育方案的"四全"特征

"四全"是指全日制、全覆盖、全媒体、全免费，如图 5-1 所示。全日制是指，学生通过在线指导，在教学完整的基础上，尽可能完成传统模式下全日制学习任务。也就是说，一个学生通常到校学习经历的每一个环节都不能没有，也不能简化，甚至因为不是面对面而需要加强。这些任务包括但不限于签到、升旗、早锻炼、课间操、眼保健操、课间活动、班会，以及上课、互动、辅导、作业等教学环节。全覆盖是指，全日制在线教育要覆盖从大中小幼全部学段、各个学段全部学科、各个环节全部师生。全覆盖特别强调公益性，即一个都不能少，为每个学生提供优质、均衡和公平的教育。因为春节假期，很多学生随父母在外地。因为疫情，开学时，仍有超过二十万学生在沪外无法按时返沪，覆盖超过四十个国家。全媒体是指，全日制在线教育要发挥各种媒介的优势，通过文字、图片、动画、声音、视频等媒介，包含直播、录播、点播、回看等功能，借助电视、网络、大屏、小屏等工具，充分融合叠加，互不排斥。教师讲授时用固定大屏，互动时用便携小屏；学生在线学习用电子教材，线下自习作业用纸质教材。在线教学中不应是被动选用学习媒介和终端，而是有组织地使用各种媒介的最佳组合，也就是说，适合用什么就用什么，有什么就利用什么。全免费是指，原则上教师和学生不用增加投入。没有终端的家庭如有需要，学校可提供免费设备借用。不能向教师和学生收取任何费用，也不能增加师生的其他支出，包括新购终端的费用和外地移动网络漫游流量费等。这一设计要特别感谢电信运营商的给力公益支持。

可行性
保基本：教学课程基本完整，师生基本能完成，音视频基本流畅，效果基本达成，技术方案确保能实现

过渡性
无奈之举，权宜之计，将来接得上，大动作不要做

探索性
借机推进优质资源共享，探索和拓展信息化技术环境下的新型教学模式，是改革创新的历史机遇

成长性
面向未来，耕耘现在，树立长远目标，拓宽发展新思路，开启在线教学新形态

图 5-2　全日制在线教育方案的"四性"特征

　　"四性"是指可行性、探索性、过渡性、成长性,如图5-2所示。可行性是指,技术可实现和效果可达成,即学科内容基本完整,教学任务基本完成,音视频基本流畅,育人效果基本达成。探索性是指,借助全市优质教育资源统筹统一教学的机会,探索优质教育资源共享新模式,探索和拓展信息技术环境下的新型教育教学模式。过渡性是指,充分认识到疫情下在线教育是非常时期的非常之举,甚至是无奈之举、权宜之计,疫情下在线教学方案的总体设计,要充分考虑与未来回归常态教学的衔接,大动作不做。成长性是指,面向未来,耕耘当下。我们应立足学生和教师的能力提升,树立长远目标,拓宽发展新思路,尝试"线上""线下"融合的教学新形态,激发教师成长内生动力和外驱动力。

简单：太复杂可行性不强
稳定：稳定压倒一切
安全：没有安全,一切归零
有效：不忘初心

图5-3　全日制在线教育方案的四原则

　　"四原则"是指简单、稳定、安全、有效,如图5-3所示。"简单"强调可行性优先,避免复杂带来的运行风险和降低可行性。"稳定"强调一切服从稳定。既包括在线教学系统的稳定,在线教育整体的稳定,也包括疫情下社会生活的稳定。"安全"强调安全至上,如无安全,一切归零。任何影响安全的选择都被一票否决。为了增强安全保障,不惜付出加倍或多倍的成本和努力。"有效"强调立德树人成效是方案制定的根本衡量标准,在选用与否、如何开展等决策环节,任何方案和措施都要坚守立德树人的初心。

　　方案制定过程还遵循了以下原则:充分听取家长和社会各方意见建议;坚持降低教师负担和学生负担,教育规律优先,社会治理规律其次,网络技术规律托底。

　　在疫情最严峻、社会最焦虑、未来最不确定的情况下,用不到30天的时间,零基础准备不同学段、不同学科约 330 万人的在线教学，必然是十分紧张忙碌的。很多人全心全力、奋不顾身、夜以继日地投入，让人感动，让人难忘，值得铭记。

上海市教育系统多个部门从除夕开始加班加点研讨准备方案，最终方案经过八次修改。一些在线教育平台负责人大年初一或初二从外地包括国外赶回上海。因疫情暂时无法赶回办公地点的工程师，公司立即将工作电脑快递到其所在地。如前所述，一些技术方面的视频讨论会议，连线甚至超过 48 小时或者更长，参会的工程师困了就躺一会儿，直到被同事远程大声唤醒，继续工作。历经千辛万苦走到全市合练时，系统突然崩溃了。负责技术的某平台负责人一个人走到天台抽起了烟，据他后来说，当时他的脑子空白，精神濒临崩溃。一个伙伴公司技术负责人发现并解决了问题，第一时间打电话给他时，他欣喜若狂。这样的感人细节还有很多，难以一一展示，特摘录上海教委信息化部门《抗疫在线教学日记（准备阶段）》，以示纪念和感谢！

• 1 月 23 日，上海市教委分管信息化的同志向两委（上海市教卫工作党委和上海市教委）主要领导汇报在线教学初步设想，获得支持，开始与时任市教委教研室主任徐淀芳商讨录课方案。第一次提出申请 12 个有线电视频道开展全员在线大规模教学的设想。

• 1 月 24 日，上海市教委分管信息化的同志与各方探讨全日制在线教学方案。嘉定区形成第一版在线教学方案。

• 1 月 25 日，上海市教委调研网络直播技术方案。跟踪研究某大型在线教学机构开展大规模在线教学试点情况。

• 1 月 26 日，上海市教委部署信息化工作处、电化教育馆、市教委信息中心、市教研室等相关处室和单位作准备。

• 1 月 27 日，上海市教委组建市级"在线教学推进工作组"。上海市电教馆梳理在线教学资源情况，上海教委信息中心梳理在线教学所需网络基础设施和带宽资源情况。上海市教研室研究分区开展在线教学资源准备的方案。

• 1 月 28 日，上海市教委调研各区在线资源现状。闵行区提交网课安排表。市级在线教学方案第一稿形成。

• 1 月 29 日，教育部发出号召，要求"利用网络平台，停课不停教、不停学"。

• 1 月 30 日，上海市分管领导关心在线教育准备情况。第一次电话向分管市领导汇报方案主要内容。获得初步认同。"上海微校"开始启动改建工程。

• 1 月 31 日，市级在线教学方案第二稿形成。向有关部门申请新开 12 个有线电视频道，用于在线教学。

• 2 月 1 日，上海市教委防控工作领导小组会议正式决定开展全员全日制大规模在线教育。

• 2 月 2 日，上海"空中课堂"在线教育方案第三稿形成。提出"一源双师多渠道多终端"的初步设想。

• 2 月 3 日，时任上海副市长陈群对利用电视开展教学做出批示。我们与电信、移动、联通、科大讯飞、文广集团、东方有线、百视通、晓黑板（好未来）等技术企业分别召开视频会议，研究落实工作方案。同时，我们对接市文化和旅游局，正式提出 12 个有线电视的频道资源需求。

• 2 月 4 日，时任市政府副秘书长虞丽娟主持专题会研究在线教育工作。我们联系通信管理局保障通信资源，提出带宽、云资源、CDN 加速资源需求。同时，我们视频连线腾讯、万达信息、武汉天喻等企业进行讨论。

• 2 月 5 日，上海电视台、东方有线提交第一版"空中课堂"项目实施方案第四稿。我们召开全市教育局局长视频会议，研讨在线教学方案。形成报送市政府"关于在线教学工作方案进展的报告"第五稿。

• 2 月 6 日，面向全市各区教育局、全体学校、师生，全面开展在线教学网络资源、学生终端等调研活动。充分听取基层意见，充分了解基层情况和困难。

• 2 月 6 日，市区校工作任务分工、工作清单形成。

调研全市中小学学生终端拥有情况（包含在外地的学生），进一步调研网络资源情况、学习平台及服务企业。高教、中职、基教在线教学方案第六稿形成。

• 2 月 7 日，时任副市长陈群赴市电教馆调研在线教学工作安排，确定"一源双师多渠道多终端"的在线教学实施方案。我们正式完善上海市"空中课堂"实施方案，基本形成"上海市大规模在线教学方案"第七稿。

• 2 月 9 日，召开上海市教委主任办公会议，讨论并通过"上海市大规模在线教学方案"（第八稿），同时明确空中课堂推进工作方案，明确信息中心、电教馆、教研室等实施单位的职责分工。

• 2月10日，我们部署上海师资培训中心和教育电视台联合开展全体教师的在线教学能力培训。

• 2月11日，时任副市长陈群赴黄浦区卢湾一中心小学调研在线教学准备情况。上海市教委疫情防控领导小组专班会议，强调全市统筹推进在线教学，同时做好"一校一案"在线教学准备。

• 2月12日，召开全市在线课程制作培训工作会议，市、区教研员、全体课程主讲教师参加。

• 2月13日，陈寅常务副市长召开本市中小学在线教学准备工作专题会议。市教委召开16个区教育局在线教学视频培训会议，指导各区完善方案。

• 2月14日，时任副市长陈群赴上海医药学校调研在线教学工作准备情况。市教委召开在线教学实施方案技术推进专题会。

• 2月15日，市教委与各家企业分别召开在线教学技术视频会议。上海教育电视台首播"教师在线教学能力提升课程"，部署各区、各高校、职校组织教师在家参加培训，连续五天。

• 2月17日，时任上海市教委主任陆靖召开在线教学专题会议，研究"上海微校"的定位及在线教学推进工作。

• 2月18日，上海市新冠疫情防控新闻发布会上，陆靖主任宣布将于3月2日开展全市在线教学。上海市教委召开首次在线教学演练预备会，明确演练的主要目标、播放内容等。国家广播电视总局加急复函《关于同意上海广播电视台临时开办12个"空中课堂"频道的批复》（广电审〔2020〕64号）。

• 2月19日，市教委召开25日在线教学演练工作专题推进会，确定演练的技术方案。东方明珠、万达信息等企业参加会议。市教委召开全市各区教育局演练工作部署会，各区汇报工作方案。

• 2月20日，上海市教委疫情防控工作领导小组会议，汇报在线教学演练方案准备情况。上海教育电视台复播"教师在线教学能力提升课程"，部署各区、各高校、职校组织教师在家参加培训，再一次连续五天。

• 2月21日，时任上海市教卫工作党委书记沈炜调研黄浦区卢湾一中心小学在线教学准备情况，赴文旅局与文广集团沟通电视频道、课程编播等事项。

• 2月22日，上海市教卫工作党委会听取在线教学演练活动准备情况。

• 2月23日，上海市教委发布中小学在线教育"空中课堂"收看互动指南。

• 2月24日，上海市教委主任办公会议再次研究在线教学演练活动准备情况。

• 2月25日，中小学在线教学首次试播（演练）活动。时任市领导陈群副市长、虞丽娟副秘书长到指挥部做现场指导。市教委开展全媒体运行测试，开展第二次全市师生大调研。16个区教育局与12家支持企业进行演练总结。演练发现一系列问题，及时进行解决。

• 2月26日，上海市教委召开高校在线教学工作会议。

• 2月27日，全市中职校开展在线教学演练活动。

• 2月28日，中小学在线教学进行第二次试播（演练）活动。时任上海市委副书记廖国勋、市政府副秘书长虞丽娟到指挥部做现场指导。市教委继续开展全媒体运行测试，开展第三次全市师生大调研。16个区教育局与12家支持企业进行演练总结。演练解决了之前一次全部问题，基本成功。

• 2月29日，市教委召开12个支持企业的视频会议，做开学前的动员、工作部署及技术协调。

• 3月2日上午8：20，上海市大规模在线教学正式开始。

二、"一源双师多渠道多终端"的实施路径

上海最终制定的大规模在线教育方案，分高等教育、职业教育、基础教育三个部分，重点保障的是基础教育。整个方案在上海市文旅局、市通信管理局、市经信委和东方明珠等网络技术公司大力支持下，由上海市教委统筹领导实施。

基础教育是这次在线教育任务的"重中之重"。当时上海基础教育阶段学生约有143万名，约占全市学生总数的五成。抓好在线基础教育，事关民生和社会稳定大局。上海市教委研究制定了名为"空中课堂"的技术方案，概括为"一源双师多渠道多终端"，如图5-4所示。

图 5-4 "一源双师多渠道多终端"的技术方案

"一源"是指全市统一管理，教学内容统一来源，中小学相同年级的各校学生采用全市统一课程表。市教委通过有线电视和网络平台提供统一的、根据在线教学需要新录制的视频教学资源。

"双师"是指每位学生拥有统一授课和班内个别辅导两位线上老师。上海市教委为每个年级每一学科分别精选名师团队统一备课、录课、授课，学生原来的老师通过直播间或其他社交平台的方式，对原班学生进行辅导和管理。

"多渠道"一是指学生可以通过网络、电视等多个媒体渠道，实时收看市里名师团队的统一授课（录播）；二是指学生可以通过专用网络直播间和其他社交平台与原班老师保持互动；三是指各区教育局、各校可以根据自有信息化基础设施和资源情况，建立自己的辅导方式和机制；四是指"上海微校"将同时汇聚优质教育资源和平台，为学生提供学习辅助。

"多终端"是指学生可以通过电视、电脑、平板电脑、手机等终端接入"空中课堂"，开展听课、作业、互动交流等活动。很多学生同时拥有多个终端，收看授课时用大屏，参加互动时用手机或平板，完成作业时用传统纸媒。

基础教育"空中课堂"方案也可以概括为："一张课表，'教''学'分开；优课示范，双师'教''导'；全市统筹，全媒分发；先录后播，实时互动"，如图5-5、图5-6所示。

一张课表，实现全市统一统筹，步调一致，资源保底。教与学分开，以相对保险的方式"教"，确保在线教育稳妥开展、安全可行，同时提供小班互动学习，既尊重教育规律，满足了个性化因材施教的需要，又化整为零降低了同时大规模共享带宽资源造成的可能资源拥堵甚至崩溃。

优课示范，是指每一堂在线课都是全市遴选最优团队集体教研、集体备课、精心打造的，为同年级同学科教师做了很好的示范和启发，对于提升每位教师的教研教学和课后辅导能力都是大有裨益。双师教与导，授课教师以教为主，本班教师以导为主。授课教师的优质资源扩大了受益面，本班教师小范围督导，因材施教保证了对每一个孩子的直接关注。

全市统筹，既包括统筹全市优秀教师团队，化整为零共同分担内容资源准备；也包括统筹全市的网络基础设施资源，包括为师生聚集的社区提供更多网络带宽和并发的冗余；还包括统筹其他相关资源和事项。全媒分发，主要是指优质教学资源并不是只通过有线电视来送达，还同时包括网络直播平台、手机直播平台、视频回看平台等多种媒介平台，保证了沪外师生的无障碍融入。

先录后播，保证了授课内容质量和播出质量，同时降低了网络拥堵的风险。实时互动，通过一半时间的本班互动，弥补单向授课带来的缺憾和不足。

国家广播电视总局加急复函，在一周内批准了上海为中小学"空中课堂"新设 12 个电视频道。

⊕ 一张课表，"教""学"分开	全市统筹，全媒分发 ♺
◈ 优课示范，双师"教""导"	先录后播，实时互动 ♼

图 5-5　基础教育"空中课堂"方案概要

图 5-6　大屏看课、小屏互动的"空中课堂"

托幼教育主要通过上海教育电视台播放一些亲子类节目，不开展在线教学。

高校和职校的"空中课堂"，以各校为主体，可选用三种形式。一是慕课可用的用慕课，推动已有优质资源共享。推动碎片数字化课程资源系统化，按专业进行组合。二是方便录播的录播，推动优质教学资源的数字化。三是用网上直播平台在线实时授课，依托信息技术探索和拓展新的教育形态和教学模式，如图5-7所示。

首先，慕课可用的用慕课
推动优质资源共享，推动课程系统化，按专业进行组合

其次，方便录播的录播
加强优质资源的数字化

最后，网络平台授课
探索和拓展信息化技术环境下的新型教学模式

以各校为主体

图5-7　高校、职校"空中课堂"方案概要

在上海市通信管理局的统筹下，上海电信、上海联通和上海移动公司大幅拓宽与教育网互联互通带宽，统筹全市弹性带宽、云资源和用于网络加速的CDN设备，专门为"空中课堂"预留一定的并发能力。整个大规模在线教育实施期间，通信管理局提供了107条"重点保障链路"。每一条"重点保障链路"，以独享方式全天支持在线教学，专线专用，被形象地比作上海的"71路"公交车道。

三、"市、区、校联动"的组织分工

方案对上海市教委、各区教育局、各学校的职责也做了明确分工，如图5-8所示。上海市教委负责统筹领导本市中小学在线教学工作，统筹调配网络基础设施、电视频道、教学平台等资源；上海市教委教研室具体负责统一课表的制定、录播课程设计制作以及相关教研活动的开展；上海市电化教育馆具体负责全市示范课程数字资源的分发、"上海微校""空中课堂"的技术保障以及全市中小学基础教育在线互动教学平台搭建和管理；上海市教委信息中心具体负责统筹全市网络资源，保障有关平台的运行环境的健康、云服务和网络信息的安全等，并组织各运营商协同保障课程分发渠道的畅通；上海市师资培训中心会同上海教育电视台具体负责开展相应的教师网上培训。

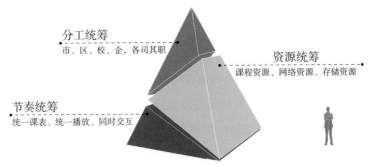

图 5-8　"空中课堂"方案中的统筹

概括大规模在线教育实施方案，市里主要负责统一教，统筹资源保障，包括提供保底的互动平台备选；区里主要负责个性学，选用互动平台；学校主要负责具体做，保障教学质量。

（一）上海市教委统筹领导

上海市教委统筹领导本市中小学在线教学工作。对接上海市通信管理局，统筹网络基础设施使用；对接上海市文旅局，统筹有线电视频道管理和资源分发；对接各大电信运营商和网络平台，统筹网上教学平台的资源衔接和调配。

上海市教委教研室具体负责为每个年级制定统一课表。全市一共制定 12 份课表，同时据此组织网络录播课程的设计制作以及相关教研活动的开展，最终将任务分解到 16 个区分别录制。

上海市电化教育馆实际上是此次大规模在线教育任务的枢纽，具体负责：一是全部新录制课程视频的在线汇集、技术审核、多平台实时分发，二是各网络互动平台的统筹、衔接和管理，三是全市中小学师生网络学习空间登录及在线互动教学的应用指导。2020 年 2 月 9—12 日，上海市电化教育馆下发区级、校级管理账号，各区采集上报无师训号教师的信息。2020 年 2 月 10—16 日，上海市电化教育馆下发网上学习指导手册，各区组织相关教师开展信息化系统应用培训并完成网络教学基础配置。

上海市教委信息中心负责统筹全市网络基础设施资源，保障有关平台运行环境、云服务和网络信息安全等，实时调配网络基础设施资源，协调教育网与各运营商协同保障课程分发渠道畅通。

上海市师资培训中心负责针对性地开展相应的教师网络素养和技能培训。提供相应的在线服务解答。

（二）16个区教育局协同配合

上海市各区教育局是本区大规模在线教学的实施主体，负责组织落实辖区内所有中小学在线教学活动的统筹安排。各区教育局根据市教委的方案和要求，制定区级在线教学实施方案，明确组织形式及人员安排，落实相关师资培训和学生培训任务，指导、督促和支持区专业机构和单位配合做好录播课程制作工作，配合落实录播课程分发覆盖到每名学生。缺乏成熟可靠在线互动教学平台的区，主动对接市级基础教育在线互动教学平台提供方，制订区级在线教学计划，明确组织形式及人员安排，落实相关师资培训和学生培训，确保辖区在线互动教学的顺利开展。

（三）各中小学落实教学

上海市各学校是在线教学质量保障的主体，是在线互动的基础组织，在线学习内容要覆盖所有学生，确保达到学业质量水平要求。各校因地制宜，制定校级在线教学计划，完成学校信息、班级信息及教师、学生用户信息的收集填报工作；支持鼓励教师探索和创新在线教学方式，落实本校师生在线教与学能力的培训，组织师生有序参与录播课程和开展本校在线互动教学；具体负责落实本校师生在线教学能力培育；加强家校在线互动，营造良好在线教学生态。建立教师参与教学和学生学习数据统计、评估和反馈机制，营造良好的在线教学生态；原任课教师辅导、管理原班级学生，包括批改作业和心理辅导等。教学组织形式基本维持原有"线下"的学校、年级和班级单位。

方案要求，教师应对照市统一授课，进一步提升自身教学能力和水平，要求教师努力提升信息化教学应用能力，充分利用市、区在线教学支持工具，协同教研,协同备课。教师应积极参加课前培训,通过在线教学实例,熟悉平台和功能操作,通过试练试教,适应互动教学模式,加强教学互动,充分兼顾不同的学生,及时掌握学生身心健康情况和学习效果。

此外,上海市教委各处室负责统一进行资源的调配和信息化运营工作;各区教育局配合市教委进行课程录制、资源分发和具体培训;各校则根据上级要求,结合校情,保障教学的顺利实施。

第六章 课程准备

一、组建在线课程制作团队，重建制作流程

此次空中课堂在线课程制作，由上海市教委基教处牵头，会同人事处和教研室，广泛聘请全市正高级教师和骨干优秀教师组成教学团队，汇集了全上海最好的一批公办学校名师，14 个区教育局组建了 1300 余名人员组成的课程制作团队，每个区 3 个录播室，中小学 41 个学段学科按照统一要求，由 1280 多名教师组成中心组、教研指导团队和授课教师团队，制作流程如图 6-1 所示。每节课都由名师、教研员、执教教师反复打磨。访谈参与拍摄的教师，我们发现，一节课的讲课稿通常需要来回修改 8—10 次后才最终定稿，才能进行出镜录制和制作相关媒体课件，流程如图 6-1 所示。

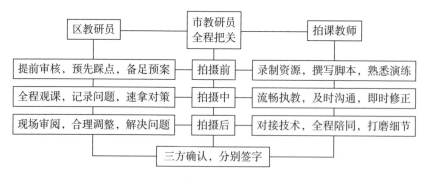

图 6-1 在线课程制作流程图

二、课程制作的基本要求

（一）网络课程结构
网络课程由课程名称、教学过程和片尾三部分组成。课程名称需提供教材

版本、年级、学期、单元、课题、执教教师及所在学校等相关信息，片尾由市里提供统一模板。

（二）网络课程拍摄要求

1. 场景

尽可能选用录播教室或学校电视台等场景（因疫情原因，也可选择居家拍摄）。选用教室和居家录播时，教师应注意光线色温（日光或灯光）的统一和音频的混响，防止附近噪声和日光灯交流声响的干扰。

2. 拍摄

建议采用多机位拍摄，便于多角度进行拍摄切换。若条件限制，教师也可以采用单机位拍摄和电脑拍摄。为了提高质量，拍摄后视频需要进行必要的剪辑。若条件限制，教师也可在家通过手机拍摄制作，但是要满足电视播放的最低质量要求。

3. 录音

教师最好使用无线话筒或耳麦。现场录制过程中出现的声音不平衡现象，可在后期制作中加以调整。

课件资源可通过信号线直接进多功能切换台进行录制，也可以通过录屏软件直接录制，要求引用资源须标明出处。

（三）网络课程视频技术要求

网络课程输出要求：每节课须输出两种视频格式，封装方式 mp4。

电视台播放格式（不低于以下标准）：视频 H.264 编码、1080P 分辨率、帧率每秒 25 帧、视频码率 8Mbps 以上；音频 AAC 编码、码率 128Kbps。

网络播放格式（不低于以下标准）：视频 H.264 编码、720P 分辨率，视频码流为 1.5Mbit/s，帧速率为 25 帧 / 秒。音频比特率为 128kbps。

（四）递交要求

每节课程资源根据不同的格式分别递交，网络播放格式的课程通过"上海微校"平台进行上传，电视台播放格式课程进行云盘方式提交。

递交内容除了视频文件外，还需要填写课程信息表。

递交时间要求：至少比全市统一课表规定的播出时间提前一周完成课程的

上传。

三、课程资源的审核

上海市电化教育馆在"上海微校"平台上搭建了课程上传和审核系统，实现了全市课程高效上传、审核。资源上报系统从上线以来，不断收集关于评审流程的使用反馈及实际需求，每周有两三个版本迭代。上海市教委教研室组建了由大学教授和中小学教学专家组成的 64 人课程内容审核团队，上海市电化教育馆组建了 12 人的课程制作技术审核团队。中小学 12 个年级每周在线教育视频课共计 380 节。为了保证视频内容的准确性，运营人员每天都会对已审核通过的课程进行反复核对，确保课程上线后的正常播放，流程如图 6-2 所示。

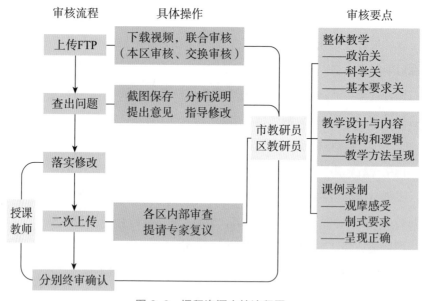

图 6-2　课程资源审核流程图

图片来源：上海中小学 5 000 余节视频课是这样"炼"成的．中国教育报

第七章 技术保障

上海"空中课堂"市级统一课程采用以有线电视播放为主，网络直播、点播为补充的分发方式。"上海微校"大规模智慧学习平台，支撑"空中课堂"信息发布、网络直播及分播导航、电子教材和作业分发、视频点播、教师备课视频提前观看等功能，本地有线电视和 IPTV 开设 12 个专用学习频道，开通"上海微校"、腾讯云校园、钉钉、晓黑板、哔哩哔哩、电信播播 TV、移动咪咕视频、联通沃视频 8 个网络平台同步直播或点播市级统一课程。

为确保全媒体平台运行顺畅，上海市教育管理部门组建了课程制作审核与传输、课程编播与分发、网络技术保障、舆情研判、用户咨询服务和应急处置 6 个工作组，对网络平台课程播放、网络通信保障、教育云运行、"上海微校"平台运行、网络安全、每日舆情和用户咨询等执行日报制度，实时追踪、实时解决问题，确保万无一失。

一、有线电视与直播平台

新冠疫情期间，市级课程在东方有线每日平均观看人数约 71.5 万，在 IPTV 平台每日平均观看人数约 37 万，累计通过电视观看的人数有 110 万左右，电视承担着主要的市级课程播放保底任务。

东方明珠集团组织旗下百视通、文广互动的内容产品团队，在统一产品、统一规范、统一目标下，实现了"空中课堂"12 个教学频道直播和点播功能。"空中课堂"的所有课程内容通过 OPG 云进行统一转码制作和全渠道播出，专门制定了两套不同技术体系下的频道播出及传输方案，同时联合各大电信运营商全力保障学生家庭带宽，实现各平台整体卡顿率在 0.01% 以下，首次直播页面响应时间 2—3 秒，切换直播在 1 秒内，确保收看不延时、不卡顿，播出零差错。

同时，东方明珠 OPG 云对接在互联网侧的另外 7 家视频直播服务商，提供了稳定可靠的互联网直播信号源。

课程播放共涉及东方有线、IPTV、腾讯、钉钉、哔哩哔哩、晓黑板、上海微校、上海电信播播 TV、上海移动咪咕视频、上海联通沃视频等共 11 个渠道。

二、互动平台

互动平台由各区校选择，晓黑板、钉钉、腾讯课堂、CCTalk、一起直播等 44 个平台都提供开展课堂互动。交互方式分为文字互动、图片互动、音频互动、单向视频、双向视频等。

市级推荐的免费互动平台包括腾讯、钉钉、晓黑板，三者用户数总和超过全市中小学生数的 80%。三家互动平台互动总人数稳定在 210 万左右。据统计，疫情初期，选用三大平台的用户数从高到低依次为晓黑板、钉钉、腾讯。

三、信息管理与发布平台

"上海微校"大规模智慧学习平台作为上海市教委组织实施本市中小学网上教学活动的指定网站，支撑了"空中课堂"的信息发布、网络直播及分播导航、电子教材和作业分发、视频点播、教师备课视频提前观看等功能，实现了支撑 40 万师生同时在线观看课程。系统流畅实现了 10 万并发，同时与腾讯课堂、晓黑板、钉钉、哔哩哔哩等公司进行深度对接，保障了网络播放和点播的顺利开展。

（1）用户基础信息采集及确认。"上海微校"采用上海市基础教育统一身份认证系统登录，教师和学生账号分别为师训号和学籍副号。各区教育局组织辖区校摸排师生账号状态，针对尚未取得师训号和学籍副号的师生开展信息采集工作。市教委累计为尚未取得师训号的教师开通临时账号 8088 个，为学生开通临时账号 1626 个，保障师生顺利登录系统。

（2）明确职责，分工落实到人。各区教育局及各辖区学校分别明确各区和学校的管理员，由市电化教育馆统一下发各区和学校管理员账号。其中，管理员账号可开展区、学校的基础设置和相关资源的审核工作。

（3）组织各校师生登录"上海微校"，开展基础设置。各区教育局组织各辖区学校师生登录"上海微校"。所有师生完成首次登录后，由各学校管理员进行班级设置，将学生按照实际教学开展情况分配入所属班级（支持行政班和教学班设置），同时完成班主任、任课教师与相应班级的匹配设置。

（4）区管理员于2020年2月17日登录"上海微校"，下载寒假补充作业，并做好分发工作。

（5）学习资料免费送发。师生可以通过平台进入个人网络学习空间免费获取数字教材等其他学习资源，同时也可以开展线上个性化作业、教辅资料的推送，实现课前预习和课后复习的个性化学习。

四、网络通信与安全保障

上海市教委信息化工作处在对本市各区、校可调用的弹性带宽、弹性云资源和弹性CDN等资源进行调研的基础上，协调各运营商，统筹全市网络资源，包括有线电视和IPTV免费提供12个中小学专用课程频道，覆盖80%以上师生；上海教育电视台播放教师培训课程和中职公共课；各运营商优化网络资源占用，以尽量减少本市城域网局部压力过重和仓促扩容；各运营商提供总带宽1TB，网络流量300Pb/月，云资源422台常规云服务器+50TB存储；上海市教委信息中心新增30G教育城域网弹性出口，上海电信、上海联通、上海移动分别拓宽与教育城域网带宽到10G，保障网络互动+部分网络直播/点播的流畅；上海市教委商市通信管理局，将东方明珠、百世通25根链路，各教育局、高校107条网络出口链路列入重保对象；上海市教委信息化工作处联络网络运营商，保证所有师生家庭上网带宽正常，并对新装宽带提供资费优惠和移动端定向免费流量。

自开始大规模在线教学后，基础网络运行平稳，云资源和网络带宽储备充足，CDN加速平稳顺畅，网络教学未造成通信网络整体性事故。

　　各基础电信企业按照一级保障要求对通信网络进行保障，投入保障人员共计 2203 人，在城域网汇聚及接入层面已累计扩容 1460G，在 IDC 出口层面已累计扩容 2180G，对阿里、腾讯等企业的专线出口累计扩容 800G。各基础电信企业城域网出口带宽利用率低于 62%，电信和移动均低于 30%。各基础电信企业之间互联互通带宽利用率最高在 80% 左右，忙时平均带宽利用率低于 70%。

　　据运行平稳后统计，各大网络通信运营商积极提供资源冗余保障。上海联通云平台计算资源冗余丰厚，使用率低于 5%，存储资源使用率低于 10%，云平台联通出口带宽利用率低于 3%。上海移动专线带宽利用率低于 1%，云平台整体资源性能负荷正常。上海电信、上海移动、上海联通、东方有线等网络运营商网内用户访问云平台时延均在 40ms 以内，网络互联互通顺畅。

　　各基础电信企业均完成新增弹性出口 30G，上海电信、上海移动新拉了专线，并根据上海市教委的需要作为保障线路备用。除一根移动专线宽带利用率在 60% 左右，其余专线宽带利用率均低于 10%，网络教学基本教育城域网未形成显著影响。同时，各基础电信企业已将各区和高校的 107 条出口链路纳入重保名单，并实施实时监控。

　　各基础电信企业从大局出发，与各区教育局主动对接，按照"一校一策、一人一策"的方式为因终端和网络原因无法在线学习的 6754 名学生提供上网服务保障，同时由各区县教育局提供名单，扩大优惠覆盖范围，累计向 10.5 万名师生提供每月 20G 以上（电信、移动共 20G，联通共 40G）的通用免费流量，为期 3 个月；为 8.6 万名师生进行了宽带网络的免费提速；为 18 万名使用电信播播 TV、移动咪咕视频、联通沃视频的用户提供免费观看上海市"空中课堂"视频服务。这 3 项业务总计惠及 37.1 万用户，企业累计让利约 3000 万元（仅统计通用免费流量让利情况）。

　　同时，上海市教委明确，不管是购买服务还是免费提供，各平台互动教学生成的数据，归属政府和学习者个人，企业不得擅自使用、泄漏、倒卖和发布。各校自主选择的网络播放平台及互动教学平台应向区教育主管部门报备，各区应向市教委信息化工作处报备。

第八章　两次演练

一、准备与演练

从方案印发到开学，只有不到三周的时间，除了内容准备、平台准备、师资准备、学生准备和外部准备外，对于三百万人首次参与的复杂活动，演练磨合尤其重要。为了确保非常时期这样大规模的人员、资源协同，安排了两次演练，分别在 2 月 25 日和 2 月 28 日，如图 8-1、图 8-2 所示。

图 8-1　"空中课堂"首次试播《中小学防疫公开课》

图 8-2　"空中课堂"第二次试播《在战疫中成长——德育公开课》

（一）内容准备

内容准备主要是指中小学全市统一的教学内容准备。上海市教委人事处配合市教委教研室广泛邀请全市特级教师、正高级教师、骨干优秀教师组成教学团队，由市、区教研员牵头开展备课及教学组织，如图 8-3 所示。根据在线教学的特点，上海市教研室针对 12 个年级的 50 多门课，按照学科和学段规律，将每堂课时长大致缩短到原来的 1/2 左右，重新组织单元和教学安排。上海市教研室进一步将课程按各区的学科学段优势，分配到各区录制和制作。14 个区教育局组建了 1300 余名教师和技术人员，形成课程制作团队，每个区至少建立了 3 个录播室。同时，上海市教研室组建了由相关学科的大学教授和中小学专家组成的64 人课程内容审核团队，上海市电教馆组建了 12 人的课程技术审核团队。最终，在上海市教委的领导下录制完成了 11000 多节课，覆盖了中小学各学段各学科，包括体育。所有课程面向全体师生及市民免费、免登录开放。

图 8-3　在线课程制作现场

课程审核原本就十分严格，全市统一公开讲授，制作、传送、播出又涉及多个单位和公司，难度更大，风险更高，压力更大，责任更重。因此，上海市教委的要求特别严格，专门制订了"9752"课程制作与审核的红线机制。9 是指播出前 9 天，各区完成制作、初审并上传视频课程内容到课程评审平台。7 是指播出前 7 天，各审核单位完成视频课程的技术审核、内容审核及问题修改。5 是指播出前 5 天，电视台抽查反馈。2 是指播出前 2 天，如出现急需修改的课程，可启动应急机制，如图 8-4 所示。据统计，每小时播出背后都需要数十小时工作准备。例如，每播出 1 小时内容，东方有线工作团队平均需要付出 10 小时的流程准备，制作、审核和传送团队平均需要至少 20 小时的准备时间。其中，上海市电教馆技术审核人员需要一帧帧核查，由于过度用眼，都是点着眼药水坚持工作的。这还不包括东方有线团队将电视高清信号同步制作成多个码流标准的网络信号所需要的时间。

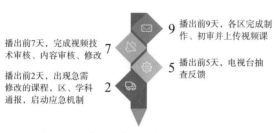

播出前7天，完成视频技术审核、内容审核、修改 **7**

播出前2天，出现急需修改的课程，区、学科通报，启动应急机制 **2**

9 播出前9天，各区完成制作、初审并上传视频课

5 播出前5天，电视台抽查反馈

图 8-4　"9752"课程提供与审核机制

（二）平台准备

平台准备是指在线教学的技术支撑平台的准备。高等教育和职业教育以网络平台为主，基础教育阶段的平台包括有线电视直播频道、网络直播平台、在线交互平台等。服务对象规模为：高等教育 66 所高校，约 65 万名学生，平均每校 1000 门课程进入网上教学，其中约 20% 采用本校网络教学平台，约 50% 课程为视频模式，课程时长约 50 分钟；中等职业学校 73 所，约 10 万名学生，班级 3878 个，每天 6 节课，每节课 30 分钟视频点播，15 分钟班级互动；中小学约 143 万名学生，班级约 4.2 万个，每天 6 节课，每节课视频直播 20—30 分钟，班级互动 10—20 分钟，如图 8-5、8-6 所示。

图 8-5　"空中课堂"官方平台——上海微校（大规模智慧学习平台）

新设的 12 个电视频道，为中小学 12 个年级每个年级专设一个频道。东方有线和上海电信、上海移动、上海联通的 IPTV 同步播出 12 个频道的高清信号。经审核，8 家网络直播平台签约提供免费公益服务。它们分别是：腾讯、晓黑板、钉钉、上海电信的播播 TV、上海移动的咪咕视频、上海联通的沃视频、百视通、哔哩哔哩。44 家在线交互平台提供网上交互服务，其中腾讯、晓黑板、钉钉与上海市教委签订公益服务协议，免费为自愿选择其服务的区校提供服务。以上公司，在没有任何经费承诺的情况下，不顾疫情威胁，积极投入在线教学，非常值得尊敬和铭记。

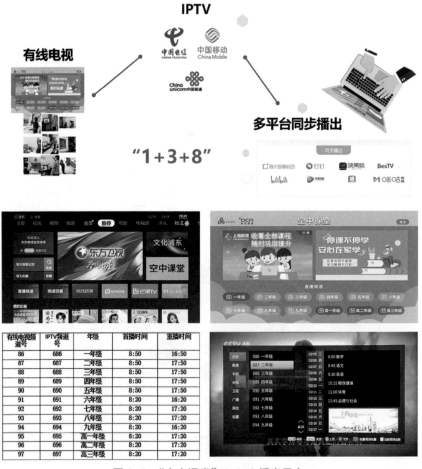

图 8-6　"空中课堂" 1+3+8 播出平台

（三）师资准备

通过调研了解，上海大中小学的绝大多数教师没有在线教学的完整经验，一般也缺乏对在线教学的整体教学模式、平台使用、教案准备、教研方式、作业方式、互动方式等的了解。为解决这一问题，上海市教委部署上海市师资培训中心和上海教育电视台紧急录制了"教师在线教学能力提升课程"（5讲），如图8-7所示，于2020年2月15日—19日和20日—24日播出两次，要求全体大中小职校教师收看学习。上述课程同时可以在2月22日后，随时登录"上海市教师教育管理平台"点播观看学习，并纳入教师常规培训学分管理。

直播主题	主讲教师	直播时间	
序言：在线教学好入门	周增为	2月15日	8：30-8：35
第一讲：直面挑战　躬身入局	杜龙辉	2月15日	8：35-9：00
第二讲：资源获取　加工处理	杜龙辉	2月16日	8：30-9：00
第三讲：教学并举　形式多样	闫寒冰	2月17日	8：30-9：00
第四讲：反馈评价　精准及时	魏菲	2月18日	8：30-9：00
第五讲：勤学善思　迭代提升	李宝敏	2月19日	8：30-9：00

图8-7　教师在线教学能力提升课程表

此外，上海市教委部署，上海市教研室组织中小学教师开展网上教研活动，上海市电教馆组织中小学网课内容制作技术培训，各区各校组织教师参加市级培训和区内校内进一步培训，各在线教学平台负责针对本平台使用和运维的教师技术培训。

（四）学生准备

大规模在线教学主要集中在中小学，涉及学生约143万人。上海市委、市政府特别强调，大规模在线教学要覆盖到每一个学生，无论在国内还是国外，在沪内还是沪外，特别要保障家庭经济困难的学生。当时，调研工作非常细致，市教委通过学校和老师，直接联系到每一个学生和家长，如图8-8所示。最终统计汇总得到的数据显示，截至首次演练日，143 万学生中，仍有 20.8 万学生未返沪，在沪外的上海学籍学生散居在国内各省市和 50 多个国家，被困在湖北的学生达 1.55 万人。在所有学生中，没有学习终端（无电视或收不到"空中课堂"信号、无手机或无有效信号、无电脑或网络条件、无平板电脑或有效信号等）的学生，截至 2020 年 2 月 6 日，共计 7137 人。上海市市级机关工委立即组织各单位捐赠计算机、电视机、平板电脑等 700 余台，各区校积极采取设备免费租借等方式解决学生上课终端问题。上海市场上投影仪等相关设备热卖，打印机脱销。2 月 25 日第一次演练时，无学习终端的学生锐减到 347 人；到 2 月 28 日第二次演练时，无学习终端的学生只有 18 人；到 3 月 2 日开学时，无终端学生清零！

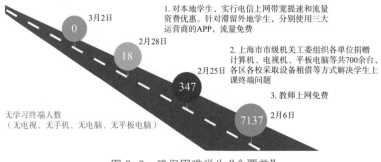

图 8-8　确保困难学生"全覆盖"

在网络资费方面，针对在沪学生，上海电信专门实施上网带宽提速和流量资费优惠方案。对滞留沪外各地的国内学生，如使用三大运营商手机 App 收看"空中课堂"，流量全部免费。

（五）教育外的资源支持准备

大规模在线教学最难、最不确定的风险是如何保障传播渠道的流畅和稳定。这主要包括：各个核心服务器要承受百万级并发，整个上海互联网链路要承受数百万人同时聚焦具体服务的集中使用，1 个有线电视、3 个 IPTV、8 个网络视频直播平台和 44 个网络互动平台之间的内容及播出统筹，等等。

因为疫情，相关设备供货不足，安装工人绝大部分还无法返岗，整个基础设施改扩建十分艰难。

这种情况下，市教委只能通过全市统筹网络资源和统筹用户使用来解决。

时任常务副市长陈寅和副市长陈群为此召开了专题会，作出部署。第一，高清视频的送达，通过东方有线和三个电信运营商的 IPTV，基本覆盖在沪学生，而且所有资源都免费提供。第二，为网络互动和部分网络直播与点播服务专门提供 1TB 带宽、每月 300PB 流量、422 台常规云服务器和 50TB 存储。第三，拓宽上海教育城域网与上海电信、上海移动、上海联通的互联互通出口到各 10G。第四，为东方有线、百视通等高清播出企业建立 25 条重保链路，为各区教育局和各高校，根据用户负载分布情况，建立 107 条网络重保链路。第五，直播 /点播和教学互动平台中，市级遴选推荐三家网络平台：晓黑板、腾讯、钉钉，各区校自主选用，也可以选用三家之外的平台。如果选用市级推荐的三家网络平台，软件平台免费，软件平台所需云资源和对应网络加速资源免费，相关人工服务费免收。第六，协调本市各运营商优化网络资源占用，以尽量减少本市城域网局部压力过重和仓促扩容的情况。第七，各运营商要保证所有师生家庭正常上网，并给出新装优惠优先方案，如图 8-9、图 8-10 所示。

1. 有线电视+IPTV覆盖80%以上用户，且所有资源免费

2. 网络互动+部分网络直播/点播，总带宽1T，网络流量300Pb/月，云资源422台常规云服务器+50T存储

3. 30G教育城域网弹性出口，电信、联通、移动各10G

4. 东方明珠、百视通25根重保链路，各教育局、高校102条网络重保链路

全市统筹网络资源

5. 直播/点播和教学互动平台各若干，软件平台免费，软件平台所需云资源和对应网络加速资源免费，相关人工服务费免费

6. 协调本市各运营商优化网络资源占用，以尽量减少本市城域网局部压力过重和仓促扩容

7. 各运营商保证所有师生家庭上网带宽正常，给出新装优惠

图 8-9　全市统筹网络资源

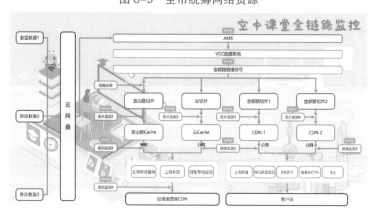

图 8-10　"空中课堂"链路保障（部分）

（六）两次全市实战演练

在线教学涉及数百万人群，部门众多，资源有限，疫情严峻，方案复杂，实战演练必不可少。为此，上海市教委在 2 月 25 日和 28 日分别组织全体中小学师生参加了实战演练，获得了十分宝贵的经验，有效加强了整体的统筹和协调。时任副市长陈群和虞丽娟副秘书长现场观摩指导了第一次演练，时任市委副书记廖国勋现场观摩指导了第二次演练。

25 日第一次演练情况：参加演练的学生有 141.5 万人（包括 20 余万仍滞留在外地的学生），占学生总人数（全市共有中小学生 143.5 万人）的 98.5%，12.3 万教师一同参加演练，师生共计 153.8 万人。94.7 万师生通过电视收看课程（东方有线 56.9 万、IPTV37.8 万），占在沪师生的 70.8%；59.1 万师生通过多种网络移动平台收看课程。收看课程的社会人群达到 124.9 万。

28 日第二次演练情况：参加演练的学生有 142.9 万人，占学生总人数（143.5 万人）的 99.6%，12.6 万教师参加演练，师生共计 155.5 万人。未参加本次演练的 5816 名学生中，主要包括 3568 名国际学生、特教学生和出国、休学等未要求收看的学生；有 2163 名因身体不适、返沪途中、设备故障的学生，已通过学校提醒收看重播或点播；还余下 85 名因家中硬件条件困难的学生，已督促各区"一人一策"予以解决（25 日统计为 347 名）。

二、持续监控

上海市教委对市级在线教学平台持续开展日夜网络安全渗透测试，截至首次预演，上海市教委信息中心共发现 75 个中高危漏洞，拦截 37617 次网络攻击，确保了系统运行安全，保证了视频直播点播、教学互动、网页浏览、教材下载等业务的顺利开展。

上海市通信管理局组织开展网络安全事件监测，演练中监测到各直播平台漏洞事件多起，已协调相关平台企业处置。

三、技术性问题的解决

上海市教委通过预演与持续监控，了解在线课程开展存在的问题，及时对这些问题给出解决方案。当时曾经出现的典型问题和解决情况有以下几种。

（一）移动 IPTV 用户直播晚三分钟的问题

每天约有 8 万师生通过移动 IPTV 收看市级统一课程，约占全部师生的 5%，其中有少量用户反馈移动 IPTV 延时 3—5 分钟。经过调查发现，移动早年发展的用户因安装时采用的技术有问题，确实存在延时现象，所占比例为移动用户的 4%，据此估算约有 3000 名师生受到影响，部分已采用网络播放，实际受影响人数较少。

由于用户家庭里各种场景比较复杂，难以统一处理（比如，原来的机顶盒通过无线相联；如果现在用新的机顶盒，需要家里拉网线，很多用户没条件或不愿意）。技术部门针对用户反映的情况一对一处理，一般可以通过更换机顶盒解决问题。

同时，上海市教委建议有相应情况的班级教师将互动时间往后延 5 分钟开始。这样给学生一定的互动准备时间，同时也能兼顾到部分收看延时（通过网络收看也普遍存在部分延时）视频的学生。

（二）学生同时使用多个平台的问题

大规模在线教学不论对学生还是教师都是挑战。在方案制订初期，上海市教委就建议每个学校只选择一两个交互平台。部分区、校因尊重各科教师的习惯和选择，没有限制使用统一的互动软件，造成部分学生同时需要登录不同的平台。为保证教学组织规范有序，市教委后来进一步要求每个班级原则上只使用一个交互平台。

随着大家对信息技术在教学中应用的认可和熟悉，上海市教委借势进一步推进"至少以整个学校为单位建设"的思路，将学校选用的应用工具统一到学校信息化基础应用平台，将社会上主流的在线教学和管理工具整合进学校日常使用的信息化系统。这种方式达到以下效果：能够实现数据的统一归集，为下一步数字化教育做好基础；统一化的应用有益于形成良好使用习惯，降低教师、学生、家长等重复熟悉和学习的负担；充分发挥社会专业机构的优势，做出专业化的产品；通过集约化建设降低成本。

（三）减轻教师负担的问题

上海采取的以电视播放为主的大规模在线教学方案，整体来说，没有给教师带来很大的负担。但对于1300多名制作市级课程的教师来说，确实增加了部分压力。上海市教委积极采取措施，从职称、荣誉等方面给予激励；在工作中加强指导和服务，降低差错率，减少重复录制；同时也要求各区积极做好保障工作。

未参与录制课程的16万多名教师，其负担来自多个方面，比如填表、联络学生及家长等繁杂的工作，在线教学能力不足，部分教师家里设备不够，等等。为减轻教师对开展在线教学的顾虑，市教委引导教师积极面对，提升信息素养，减少其压力。

从技术上来说，上海市教委通过提供便捷、优质的信息化技能培训、智能易用的软件工具（大班互动、点对点辅导、在线测试、作业提醒和自动批改等）、丰富的素材资源（比如现成的课件、备课用的各类演示动画），以及随时可求助的技术支撑团队来减轻部分教师的负担。

（四）学生负担问题

对于部分学生反映网课节奏偏快、内容偏难的问题，上海市教委及时部署，建议适当放慢视频课程的节奏，其间适当保留部分学生思考的时间；同时也建议原班教师在开始前指导学生做好新课预习；建议减少学生重复性的作业，根据学生对知识点的学习掌握情况，个性化地推送作业。

针对部分低年级学生或家里老人不会操作设备的问题，上海市教委一是尽量简化操作流程，二是进一步加强服务指引，三是建议组织社区志愿服务等。

（五）社会关注的其他问题

较多家长反映，长时间通过电子产品上课和互动，对孩子的眼睛造成较大负担。部分家长反映部分网络平台市级统一课程画面清晰度还不高，提出提高播放高清画质视频的诉求。

由于140多万中小学生的家庭状况存在着差异，同时收看课程对网络势必造成不小的压力，所以本次在线教学方案考虑到用户普适性和网络流畅性，总体选用 720p 高清视频，具体为：东方有线开通 12 个标清免费频道，直播时源流同步到其他各合作平台；每日课程结束后，将 720p 视频文件下发至各合作平台，用以点播、回看。

第九章 成功实施

第一次实战演练发现的问题，在第二次实战演练中已经基本解决。2020年3月2日，上海大规模在线教学开学第一天，网络舒畅平稳，个别点上的卡顿等小问题都及时反馈、及时解决。开学两周后，个别点上的问题也逐渐减少，甚至清零。学生、教师体验满意，社会各界普遍积极肯定，如图9-1所示。

图9-1 "空中课堂"每天从"升旗仪式"开始，在家上课也有仪式感

整个在线教学期间，多个工作组分工协作，保障运行。它们分别是：课程制作审核与传输工作组，课程编播与分发工作组，网络技术故障应对工作组，舆情研判工作组，用户咨询服务工作组，应急处置工作组。每日各方上报工作报告18份，包括8份平台课程播放日报，5份网络通信保障日报，教育云运行

日报,"上海微校"平台运行日报,网络安全日报,每日舆情简报,每日用户咨询服务报告,如图 9-2 所示。

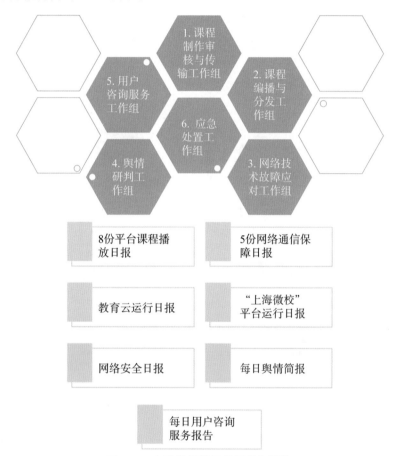

图 9-2　在线教学的运营保障和报告

上海市教委专门制作了"一图读懂系列"说明,帮助学生、教师和相关各方,全面、快捷地了解"空中课堂"的方方面面,将一些因为误解和不熟悉可能出现的问题提前化解,如图 9-3 所示。说明中明确提示师生,遇到使用问题,首先看说明,之后依次找本校专设的答疑人员、公司技术客服人员、教育局专设的答疑人员、市级应急处置工作群,将各类问题尽可能有效及时化解在底层,减少了市级应急处置工作群被不必要问题干扰的可能性,保障了反馈的问题得到及时解决。

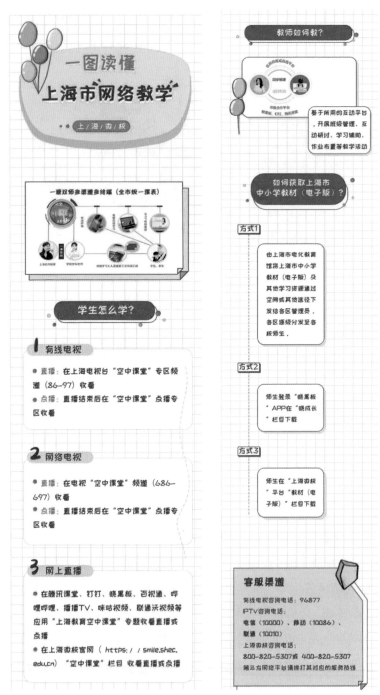

图 9-3　一图读懂上海市中小学在线教学

分析开学第一周的有关数据可以得知，收看中小学直播课程的学生中，约70万人通过东方有线，约40万人通过IPTV，约占总学生数70%。在线互动学生中，约105万人使用晓黑板平台，约77万人使用钉钉平台，约27万人使用腾讯平台，三个平台占比总计约85%，如图9-4所示。

其余41家网络互动平台总占比约15%。通过统计访问来源得知，在线学习用户约1%来自国外，覆盖超过50个国家；约20%来自国内各省市，覆盖所有省区直辖市。分布最多的国家是美国、日本和加拿大，分布最多的前三个省份别是浙江、江苏和湖北。

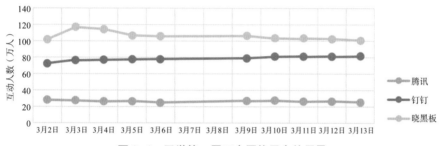

图9-4　开学第一周三个网络平台使用量

一个有趣的现象是，据电视台统计，开播两周内，在"空中课堂"直播期间，电视购物频道的购物电话一个都没有打进来。

教学质量分析

为实时改进问题，提升首次开展的大规模在线教学质量，上海市教委信息化工作处对2020年春季学期上海中小学全日制大规模在线教育开展了跟踪研究，基于采集的大量数据进行了教学质量分析。同时，我们也委托上海师范大学研究团队做了相关研究。根据相关数据和研究报告，可以得到以下结论：

本次大规模在线教学具有相当强的科学性和有效性。课程设置系统全面，市区校三级联动，既保证了基础型课程的规范落实，又为地方和校本课程的实施提供了足够的空间，充分体现了上海特色。平台支持稳定可靠，通过大屏加小屏、无线加有线的形式，有效支持了多样化的学习场景，满足了不同群体的学习需求，如图 9-5 所示。

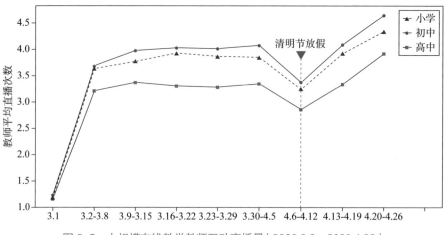

图 9-5　大规模在线教学教师互动直播量（2020.3.2—2020.4.26）

上海市教委规划组织，建立了全新的在线教学互动模式，教师的互动直播量稳步提高，教师参与在线教学的积极性不断提升。

"空中课堂"与教师的校本教学得到了有效衔接，作业量稳定保持在合理的水平，减负效果明显，如图 9-6 所示。

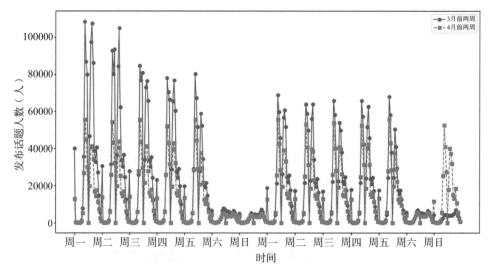

图 9-6　教师 3 月前两周作业发布量与 4 月前两周作业发布量整体对比

此次大规模在线教学获得了教师、学生和社会的普遍认可。超过 88% 的教师对课程质量给出了满意的评价。根据返校之后的调研，教师总体肯定了在线教学期间学生基础知识和基本技能的学习成效，如图 9-7 所示。

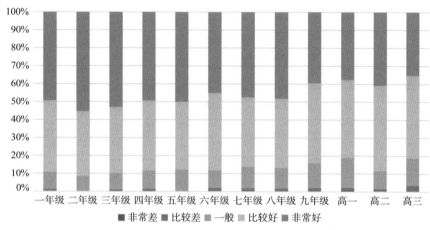

图 9-7 教师对在线教学质量的认可度

更重要的是，教师对在线教学"立德树人"的育人效果给予了充分的肯定，认为学生的思想品德特别是国家认同感获得了较大程度的提升，如图 9-8 所示。

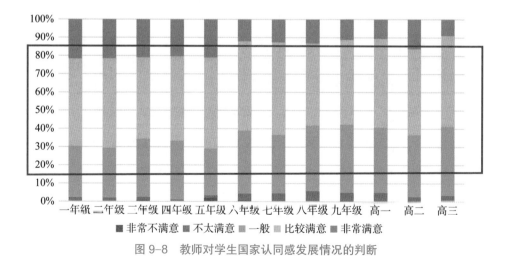

图 9-8 教师对学生国家认同感发展情况的判断

通过 AI 平台的测试，学生的知识掌握率和应用率都得到了明显的提升，如图 9-9 所示。

年级维度学生能力值、掌握率提升测评								
学段	年级	薄弱知识点测试能力值	先测能力值	学习中能力值	能力值提升	先测掌握率	学习掌握率	最终掌握率
小学	3	0.40	0.59	0.74	0.34	36.89%	69.32%	70.51%
小学	4	0.37	0.59	0.68	0.31	38.06%	56.73%	66.42%
小学	5	0.38	0.61	0.69	0.31	38.36%	57.32%	66.51%
初中	6	0.37	0.61	0.66	0.28	50.45%	51.43%	67.63%
初中	7	0.39	0.61	0.61	0.23	48.27%	45.33%	66.23%
初中	8	0.40	0.62	0.62	0.22	45.68%	46.10%	63.19%
初中	9	0.44	0.64	0.63	0.19	40.96%	50.68%	60.76%
高中	10	0.39	0.6	0.58	0.19	43.19%	66.71%	62.17%
高中	11	0.37	0.59	0.59	0.22	44.59%	69.31%	70.22%
高中	12	0.40	0.71	0.64	0.25	65.53%	81.63%	84.95%
总和	合计	0.39	0.61	0.65	0.26	45.10%	52.99%	65.91%

图 9-9 AI 平台测试在线学习前后学生能力值提升与知识掌握率

基于大数据的分析，研究团队还发现了很多以前从未注意到的在线教学规律。

教学行为呈现出强烈的学段和学科特征。小学是习惯形成期，学生自主性较弱，需要教师更多的示范，因此教师和学生线上沟通的频率较高，但时间较短。初中生处于青春期，需要教师更多的陪伴与指导，所以初中教师的互动直播频率最高、时间最长，如图 9-10 所示。

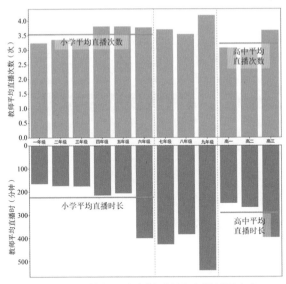

图 9-10　教师平均直播时长（晓黑板平台）

大规模在线教育因材施教的潜力也开始初露端倪。在线教学释放了学生的自主发展能力。在线教学减少了重复学习，节省了学习时间，增加了根据兴趣来自主安排学习的机会，从而释放了很大一部分学生的创造力，为许多原来不适应中小学传统教学的学生提供了更加自由开放的学习空间。学生在跨学科课程和活动类课程的在线学习中，更容易获得令人惊喜的积极成长，如图 9-11 所示。

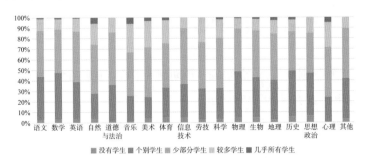

图 9-11　不同学科学生获得出乎教师意料的跨越式成长的比例

在线教学还丰富了师生互动形式，解放了传统课堂中沉默的大多数学生。超过一半的学生每天与教师保持多种形式的积极互动。不适应传统课堂对话模式的学生，获得了更多的与教师、同学沟通的机会。可以相信，随着未来智能学伴的开发与成熟，在线教育的互动优势必将得到进一步释放。

第十章 机制转换及校本举措

一、师生动员与质量保障

按照上海市教委统一部署和要求，上海中小学校在 2020 年新冠疫情初期确定开展大规模在线教学后，都陆续做好了校本级在线教学方案，并从学生行为指导、网络教学、网络技术指导、后勤保障支持等方面保障在线教学。正式开展在线教学后，校级领导定期、不定期地了解教师在线教学情况、学生的学习体验和学习效果，并及时做好调整工作。所有调研的学校均表示，每周都会召开在线教学专题诊断会议，及时反馈每周课堂教学情况，分享好的做法，明确问题，给予改进建议。校长们表示，待新冠疫情结束后，会把一些技术应用保留到教学中，比如华师大一附中陆继椿校长表示，"在未来将会思考数据的作用，运用数据精确诊断，精准教学"。

二、学校的典型思路与做法

不同学校根据校情，在新冠疫情期间制定了校本化的在线教学方案。以下是一些调研学校的具体思路和做法。

世界外国语小学在市级课程资源的基础上，秉承自主学习、开放兼容、适度适量、"听""看"结合四大原则，依托初步搭建的平台与在线课程资源，选用自行开发教学视频的方案。学校除提供自己的课程，也吸纳和推荐一些校外的线上课程；控制每天在线课程的总量，以确保探究项目和实践活动时间；"听"与"看"的课程结合，避免用眼过度。线上课程主要采用录播课，并可供学生查询。一节课控制在 20 分钟内。学生可按照自身认知水平和节奏学习，随时暂停或反复学习。学生还可自行调整课程学习顺序以及决定每节课的学习时长。

即使是必修课，部分内容也是可选择的。选修课结合新冠疫情时期居家学习特点，设计烹饪、整理、缝纫等劳动课以及防疫等学习内容。

世界外国语中学在制定在线教学实施方案的前期充分考虑了教师的教学适应性、课堂空间的变化、师生终端设备的匹配、教学方式的改变、市级课堂的结合程度、作业的辅导反馈等问题，并针对各学科、各群体的特点，坚持初三先行先试，整合集体智慧，促进教师教研，落实过程管理，定期总结反思的实施原则开展在线教学，采用直播、视频会议和录播（云课堂）3 种形式，并注重发挥各个年龄段教师的优势。

上海市实验学校为十年一贯制学校。由于学制压缩，课程进程比其他学校快。此次新冠疫情期间，该校的教学工作是由本班老师利用信息技术以及软件（QQ 群、写字板等）开展线上教学并与学生进行互动。

建青实验学校是十五年一贯制学校。此次疫情期间，学校的在线教学工作可概括为"网课五部曲"，即"课前导学""课中互动""课后反馈""课后答疑辅导与分层作业""一周重难点推送"。此外，该校还建立了课堂效果监管机制，包括行政听课、学生问卷、听评课交流、网上质量分析等。为了更好地促进分层教学与因材施教，学校运用翻转课堂和网络在线教学相融合的方式，采取一学科一方案、一年级一方案、一班级一方案、一备课组一方案，教研组、备课组协同推进在线教学及答疑辅导等工作，团队积极做好支撑工作。学校还注重引导学生自主学习和自我管理，充分关注学生的学习效果、心理健康等方面，做好课堂管理、作业管理、班级例会和个别诊断、云班会、家校沟通工作，通过多方聚力共同做好在线教学工作。

储能中学在依托市级课的基础上，以年级组为单位再进行统一备课（制作PPT），供学生预习。在互动过程中，以钉钉直播为基础，通过分享屏幕将教师本地应用的多种教学资源、应用展示给学生，学生也可扫码直接参与互动。

重庆北路小学在市级课的基础上安排了互动环节，并针对学科特点安排了体验课。例如，语文学科既有口头作业，也有书面作业；数学学科还补充了教师整理的例题来帮助学生学习。

静教院附校根据对学生学情的精确掌握开展自主线上教学，采用学校后

"茶馆式"教学方式，依托适度超前的信息化、智能化、"让知识环绕学生、鼓励学生主动去寻找知识"的绿色生态智慧校园，用多种教学方式组成"师生互动"的课堂。

三、教师的信息技术能力基础

在此次疫情之前，教师已经有了一些通过在线教育平台（如晓黑板）进行教学和互动的经验。部分教师由于教书育人的本职驱动，变被动为主动，已经开始尝试使用直播平台（钉钉、腾讯课堂、晓黑板等），为教师们快速地适应"空中课堂"和各平台的教学提供了基础。

开展此次在线教学以后，尽管大部分教师认为在线教学的效果不如课堂教学，但是他们尽量运用技术去优化学生的在线学习体验，课前采集学情，通过师生互动保持学生注意力，并促进学生参与，通过课后反馈等方式优化在线教学，通过作业批改等方式巩固学生学习效果。上海市师资培训中心和电化教育馆等提供教师在线教学培训课程并派发的相关资料，为教师明确在线教学规范，保证大规模在线教学的质量提供了保障。

教师普遍表示，在新冠疫情结束之后，他们将会继续使用在线教学中的一些技术或工具。华师大一附中的方老师说："技术改变生活，技术改变教学，能保留还是会保留，课前、课中和课后的技术应用都有效。老师和学生好不容易掌握了这些技能，在以后都是很有利的，以后在课余时间可以利用线上形式。"

上海市教委后续将在市级共享课程培训、见习教师规范化培训、教师信息技术应用能力提升工程等项目中进一步深化教师信息技术应用能力提升培训，同时计划开展面向全市中小学、幼儿园、中职校教师的信息技术应用能力大赛，以赛促"训"、以赛促"用"，推动信息技术与教育教学的融合创新发展。比赛拟由上海市教师专业发展工程领导小组办公室作为主办单位，上海市师资培训中心、上海市电化教育馆等为协办单位，并由云平台企业提供支持。

第十一章　思考与启示

通过大范围调研,上海市教委收集了疫情期间空中课堂的一些共性问题,多为在线教学相对于传统教学的短板。主要集中在以下几个方面。

一、硬件及平台问题

部分学校由任课教师自主选择互动交流平台,造成学生安装多个平台、频繁切换的问题。少数学校反映在线交互延时影响互动效果。个别学校反映网络、平台有时会出现问题(主要集中在前期),在一定程度上影响了学生、家长乃至教师的用户体验。

二、学习效果评估困难

虽然学校在授课之外也安排了上交作业、测试等环节,但是有学校反映,难以确认作业和测试能否真实准确地反映学生对所学知识与技能的掌握情况。对学习效果的评估方式较为单一,仍然沿袭线下的评估方式,并未根据线上教学的特点进行调整。

三、在线教学听课效果总体较传统线下教学弱

总体而言,在线教学视频课存在容量较大、进度较快的情况,但是不同学科乃至同一学科中不同方面也存在差异。对此,一些学校提出采取回看等方式解决线上课程进度快的问题。再如,在线数学课程存在教师展示思维逻辑推演过程受限制等问题。为此,上海市实验学校、建青实验学校、静教院附校等加

入手写板辅助教学过程，一定程度上弥补了在线教学课程播放 PPT 的短板。又如，返校学习后，某集团校评估发现，要求学生始终打开摄像头的班级，学习效果明显优于其他班级。这说明在线学习如果缺乏纪律管控，效果可能不甚理想。此外，座谈与问卷调查结果均表明，在线教学互动交流不足是校长、教师、家长和学生认为最突出的问题。

四、一定程度上影响师生体质和视力

在调研中，学校领导和教师普遍都提到了教师和学生的体质和视力问题。由于电子设备自身的特点，再加上疫情对学生户外活动时间的限制，线上课程的信息容量大，使用时间长（教师备课的时间更长，此外还要与学生进行互动，对学生进行辅导以及批改作业等；学生在线开展学习，与教师进行互动等）等原因，对教师和学生的视力、身体素质造成了一定的影响。通过"备课""制作课件""上直播课""上录播课""批改作业""线上教学""与家长沟通""学生课后辅导""技术调试" 9 个维度对 167 名教师进行抽样调研，调研结果显示，教师花费在"批改作业""备课"和"制作课件"上的时间最长，技术调试耗时相对较短。

此外，在线教学中教师面对的不仅是班级学生，还有家长以及公众，对教师教学的严谨性、规范性以及科学性提出了更高的要求，增加了教师的压力。

五、一定程度上增加了家长的负担

在线教学让家长成为学生学习的监督者和辅助者，特别是低年级学生的家长。从统计数据可以看出，在"家长更易接受""降低家长工作量"和"学习互动效果好"方面，家长的认同度相对较低，说明家长虽然认可"一源双师多渠道多终端"方案有诸多的优势，但也给家长带来一定的负担。

以上问题，瑕不掩瑜，没有影响师生、家长及社会各界对 2020 年春季学期上海全日制在线教育的高度肯定。大家一致认为，"空中课堂"的直接目标基本达成。

首先，"四全"教育（全日制、全覆盖、全媒体、全免费）得以有效实施。上海全日制在线教育整体运行平稳有序，教学直播内容总体实现了高清流畅，在线互动服务总体实现高效且基本无卡顿。教学任务按进度有效完成，教学效果基本达到要求，沉淀形成了完整的中小学 12 个年级各科的精品视频教学资源，共计 11000 余节课。

其次，"鲶鱼效应"大幅提升了全市教师整体的教学素养和教学能力，同时激发了广大学生的学习兴趣，创造了新的学习热情。全市的优秀骨干教师投身于"空中课堂"的教研和讲授，挑战没有听众的教学和教学工具的在线操作；一支支精良的教研团队通过对课程的反复打磨相互促进，这些过程都成为教师们进一步提升自己教学素养的动力。其他教师在观摩中见贤思齐，获得教育理念、教学方法和教育情怀的提升。学生们对每个单元由不同教师授课的方式感到格外新奇，对自己熟悉的或同学、朋友熟悉的某位老师出镜津津乐道，从而对原本平静甚至平淡的课堂教学倍感新鲜和好奇，学习的动力和兴趣自然而然得到了提升。同时，在"空中课堂"的实施过程中，很多原本持抵触和观望态度的教师和家长转变了他们的看法，开始肯定甚至拥抱这种新模式。例如，一位名校的高中数学名师，之前一直因"一支粉笔授课"的高超教学技能而备受赞誉。空中课堂实施两周后，他惊喜地发现，原本需要他讲十几遍甚至几十遍的某个难题，现在讲一两遍后就不再有学生如之前一般来答疑了。原来，学生通过回放和点播自行扫除了疑难问题的障碍。更让他感到欣喜的是，原来有些因害羞或其他原因，即使不懂也不会问的学生，也通过回放和点看得到了提升。这些实例让这位老教师彻底改变了之前的态度。

最后，家长发现，大规模在线教学的实施让孩子可以平等地共享全市最优质的资源，既开阔了视野，又提升了学习效果，更增强了兴趣，因此家长对此次全日制在线教育普遍给予了充分的肯定。还有些家长表示，这样不仅可以和孩子一起学习，而且还可以弥补年少时的一些遗憾。

从宏观来看，上海中小学"空中课堂"的实施，收获影响巨大。本次上海全日制在线教育积淀下了一套完整的在线教育资源，推动了教师教学水平整体提升，实现了一次相对优质均衡的教育，完成了师生信息素养实践性提升，成功挑战了一场全行业特殊情况下的实战练兵，促进了在线教学平台有效完善，催化了信息技术与教育教学的深度融合和常态化使用。

尽管"空中课堂"获得一致肯定，但其毕竟只是"非常时期的非常之举"。随着疫情得到有效控制，2020 年秋季学期起，线下传统教学恢复，上海"空中课堂"已经转为备用。

疫情后，如何继续深入发挥好信息技术的作用，推动教育数字化转型，引发越来越广泛的思考和期待。

第一，广大师生和社会各界对教育领域信息技术的作用深化了认识、达成了共识，教育数字化转型的势能进一步集聚。长远来看，2020 年春季学期，上海覆盖全部学段的全日制在线教育的首要意义体现在：广大师生及社会各界切身感受到了信息技术在实现更加优质和更高水平教育中的积极效果；广泛提升了学生、教师、管理者和家长的信息素养；深入激发了政府、学校、研究人员、企业利用信息技术更新教育理念和变革教育模式的热情。随着以 5G 技术为代表的新一代信息技术的迅猛发展和日益普及，上海城市数字化转型的全方位深入推进，教育数字化转型已是大势所趋、势在必行。此外，数字化转型也是破解教育综合评价改革等难题，推进教育体系全方位、深层次、系统性变革发展的必需。

第二，作为唯一渠道，通过实战催化，信息技术与教育教学首次充分融合，"立德树人"教育初心进一步聚焦。几十年来的教育信息化，始终徘徊在教育教学核心环节之外。技术驱动、设备驱动、概念驱动和利益驱动的教育信息化，聚焦"立德树人"目标的效果并不理想。通过全行业覆盖、全日制实战锤炼，教育信息化从技术驱动回归育人为本，从碎片化、脉冲式应用跨入到系统性、常态化应用。此次实践中，以学生为中心，立足"立德树人"效果，发挥不同技术优势，取得了良好组合效果，充分证明了"育人为本"指导思想的重要意义。实践证明，疫情后的学校教育，只有聚焦育人初心，才能对是否和如何融合在线模式等问题作出正确研判。

第三，数据驱动的大规模因材施教是教育数字化转型的下一阶段目标。上海大规模在线教育成功实施后，令人忧虑的是，在线教育模式被过度关注，"线上线下教育融合"被异化为教育数字化转型的目标内容。教育过程具有很强的社会性，决定了在线教学模式先天不足，只能是"非常时期的非常之举"，无法取代线下社会化学习模式。在线数字化内容以增强现实和虚拟现实方式，可以成为社会化学习的有益补充，但难以成为常态下全日制独立教学模式，这也是慕课等在线教学模式始终无法有效施展的主要原因。正如数字空间无法取代现实世界，在线社交无法取代现实社交一样，无论技术怎么发展，线下社会化学习终是教育的主体模式。通过将现实世界教学的平台、工具、内容和行为的数据化，由数据驱动、数字化转型后的教育，将根据每个学生的潜质激发其兴趣，指导其在个人适合的时间和空间，以个人适合的方式，学习个性化内容，以成就其个人最大的社会价值。

第四，从上海大规模全日制在线教育成功实施的过程可以看出，教育数字化转型是一项十分复杂的系统工程，需要从宏观到微观进行统筹设计和实施，需要全社会和教育领域各个层面的配合和协调。首先是制订统一数据标准，统一功能模块标准，统一接口标准，统一软硬件规范等；其次是建立统一的学校数字基座，统一的数据交换平台，统一的应用备选平台，统一的开发环境和开发工具等；还需要形成一体化的生态，市场化的复用机制，激发广大一线教育工作者积极参与开发百花齐放的个性化应用等。此外，宏观统筹管控和微观责任激发也是安全保障的必要基础。

结语

这次大规模在线教学的实施，方案可靠、执行有力、师生认可、社会反响良好，满足了学生的基本学习需求，充分发挥了上海在课程、教学、学校管理和教育治理方面一贯的优势和特色。更重要的是，它让所有的参与者都深深体会到了新一代信息技术驱动教育变革的巨大力量，必然对教师的教和学生的学产生深远的影响。上海的教育已经不可能再走回头路，未来融合教育的规律已经开始显现，"线上""线下"融合的教育一定会成为教育现代化建设的必然趋势。

管控风险，坚持变革，是未来教育现代化的根本所在。在上海2020世界人工智能大会上，专家们强调，一方面要充分发掘人工智能对教育的潜在革命性作用，另一方面要审慎应对人工智能教育应用的风险与挑战，健全数据隐私保护机制和防护体系。这是未来教育实践者、决策者和研究者需要共同面对的重大课题。上海师范大学等多所高校正集中多学科力量，以人工智能教育研究院与上海市中小学在线教育研究基地为核心，通过深度的产、学、研合作，开发未来智能教育的系统解决方案，为更加成熟的大规模因材施教提供专业、安全、可靠的理论与技术支持。

抓住机遇，上海建设全球教育一流城市的图景已在眼前。

附　录

2020 年上海大规模在线教学质量分析报告（节选）[①]

一、对此次在线教学的反馈情况

为了解在线教育的具体效果，上海师范大学、上海市师资培训中心和上海市电化教育馆等机构，对部分学生、教师和家长进行了问卷调查和访谈调查。从总体反馈情况来看，各方面对上海本次在线教育的课程组织形式、课程内容、直播方式都有较高的评价。尽管线上互动不如线下自如、有效，但是在新冠疫情肆虐的背景下，直播云、"上海微校"、晓黑板等平台都能实现交流互动，能较好地满足应急之需下的师生互动和家校交流。

（一）课堂组织规范，成效显著

在新冠疫情期间，全新的课堂组织形式被运用到在线教学中，并逐渐形成了一定的规范。在线教学的课堂组织形式具有不同于传统课堂组织形式的优点，同时也难免有不足之处，但在专家和教师的通力合作下，这样的课堂组织形式总体上收到了良好的教学效果。

1. 在线课堂组织形式多样

本次在线教育的课堂组织形式主要分为两个部分：一是由知名教师对全市同年级学生进行共同授课。学生主要通过"上海微校"的"空中课堂"、有线电视和 IPTV 观看。每节课的时长为 20—30 分钟。二是由班级任课教师对本班

---

① 本报告为上海市教委"空中课堂"团队委托上海师范大学进行。

（或本校多个班）学生进行共同授课。学生主要通过直播云、本校直播平台或其他直播平台进行学习。每节课的时长 10—20 分钟。还有一小部分学校或班级只进行班内集体教学。具体课堂组织形式如附录表 1 所示。

附录表 1　在线教学的课堂组织形式

课堂名称	授课形式	主讲教师	参与对象	时长
空中课堂	"上海微校"、广电有线、电信 IPTV、其他市级合作平台	市优秀教师	全市同年级学生	20—30 分钟
班级集体教学	直播云、本校直播平台、其他直播平台	本班原有任课教师	一个班，或者本校由同一任课教师授课的多个班级	大多 10—20 分钟

2. 在线教育课堂组织形式效果显著

媒体的报道和相关调查表明，上海在线课堂教学的组织形式和高质量获得了社会各界尤其是家长的广泛好评。调查显示，97% 以上的学生、家长对于"停课不停学"的在线教育效果持认可态度，其中有 42.8% 的学生、家长认为在线教育效果能够满足或超过预期[①]。

学生对网络视频课程的适应情况普遍良好，学生自由度较高，对设备有较大的选择余地，在电视、电脑和手机等终端前都能学习，也可以自主安排回放，满足了各类学生的需求。同时，课堂组织形式新颖有趣，也较受学生欢迎。

在调研的 2621 位家长中，80% 的家长认为电视方案有一定的优势。[②] 他们在"全市同年级学生集中观看一个老师的授课""授课主要通过电视直播""全市同一年级同一张课表""学生听完集中授课之后马上进入平台与任课老师互动""大多数情况下一天排 7 节课"和"不提前把授课视频发给任课老师"6 个维度上，认同度都超过 3 分（满分 5 分），具体如附录表 2 所示。

① 来自上海师范大学内部报告《疫情下的上海大规模在线教学》，2020。

② 来自上海市教育委员会内部报告《大规模在线教学存在的问题及对策研究报告》，2020。

附录表 2　家长对在线教学课堂组织形式认同度调查结果

序号	维度	均值（满分 5 分）
1	学生听完集中授课之后马上进入平台与任课教师互动	3.853
2	大多数情况下一天排 7 节课	3.749
3	全市同一年级同一张课表	3.65
4	授课主要通过电视直播	3.643
5	全市同年级学生集中观看一位教师的授课	3.6
6	不提前把授课视频发给任课教师	3.066

此外，学校方面认为在线教学可以达到正常课堂教学的 60%—70% 效果。例如，进才北校的校长和教师预估本校学生在线教学能达到 70% 的课堂教学效果，曲阳四小预估学生可以达到 60% 的学习效果，市西中学有超过 60% 的教师认为在线学习学生的学习状态能达到 70% 以上的效果。通过对一线教师的访谈，我们也了解到，在线教学的课堂组织形式配合家长监督制的管理模式，给了家长"助教"的角色，有利于促进家长对孩子学习状态的了解，提供更多亲子交往的机会，特别是对于有学习障碍学生来说，能更方便地获得家长的关注和辅导。同时，受访教师还认为，在线教学的课堂组织形式有助于全市学生享受更公平的教育资源。对此，时任上海市教委副主任倪闽景也表示赞同。他认为，互联网技术可以把最优秀的课堂教学推到所有学校，让薄弱学校的学生也可以享受到较高质量的课堂教学[①]。

3. 课程设置系统全面，兼具规范性与灵活性

从这次大规模在线教学的课程设置来看，如附录图 1 所示，上海既做到了满足国家对于基础型课程的标准要求，根据国家的课程方案进行课程设置，保证了开足国家课程；又能坚持上海一贯的地方课程特色，学校通过各种形式继续实施校本的拓展型、研究型课程。通过在线形式开展的课程，范围更广，内容更加丰富，对于学生的创新素养培养和思想道德的发展起到了重要的促进作用。

---

① 位林惠，解艳华 . 后疫情时代，在线教育走向何方［N］. 人民政协报 2020-5-22（13）.

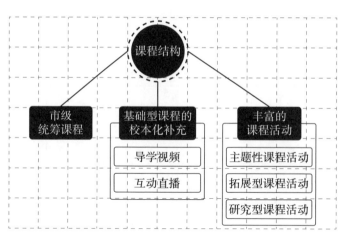

附录图 1　在线教学课程结构图

【导学视频】　紧密衔接"空中课堂"直播。从调研结果来看，教师基本都能在"空中课堂"直播之后 10 分钟内，上传导学视频。视频内容往往是根据校情、班情和学情，对"空中课堂"内容的补充和拓展。

【互动直播】　往往通过晓黑板、腾讯视频、钉钉等平台开展，在初中和高中的高年级使用较多。互动直播满足了教师和学生即时沟通的需求，也保证了学生保持较好的学习节奏感和课堂参与感。

【主题性活动】　从调研结果看，往往集中在国家认同教育、劳动教育、疫情防护等内容上，有效地坚持了学校对学生思想道德的引导功能。

【拓展型课程】　满足了学生在阅读、棋类、手工、文化等方面的兴趣爱好，不同学校有不同的特色，通过视频教学、资源推荐等在线形式开展教学。

【研究型课程】　此类课程的线上教学往往通过项目式学习或者问题驱动的任务式学习的形式进行，学校积极联系各方面的资源，如科学家、社会人士等，共同支持学生的自主创新活动。

4. 在线教育课堂组织形式还存在若干不足

此次在线教育的课程组织形式也存在着一些不足。主要体现在四个方面，一是增加了教师和家长的负担，二是造成了师生视力下降，三是不利于过程方法和思考路径的落实，四是在线形式对于不同学科的适合性差异较大。

首先，这种课程组织形式是全新的，教师需要进行大量的教学准备、线上辅导和作业批改。调查显示，教师耗时最多的前 3 项工作分别为批改作业、备课和制作课件。而且线上教学的面向对象不仅仅是学生，有可能学生家长和同行都在听讲，教学过程还会被录制成视频点播，社会关注度较高，给教师也造成了较大的压力。对于家长，特别是双职工家庭的家长来说，不仅需要处理个人事务，还要同时关注孩子的学习和生活，尤其是要督促他们的网络学习、做作业和拍照上传等工作，增加了家长的负担。这种情况在家长复工以后显得尤为明显。

其次，对于学生和教师来说，在线教育不可避免要盯屏过近，时间过长。根据在线教育播放时间表，小学一至五年级每天观看视频课的时间平均约为 104、108、112、112、112 分钟。同时，这易使学生在课余时间沉迷于使用电子产品，进行过度的"追剧"、网络游戏等娱乐活动。长时间的室内学习，也使得学生体育锻炼时间减少。如何保护视力、强身健体，是在线教育带来的新挑战。

再次，一些一线教师认为，单纯的视频课程可以做到对学生文本阅读的指导，但是在对过程方法和思考路径的落实上仍然不能替代面对面的口传心授和点拨引导，特别是由于课堂和互动时间较短，对于基础不扎实的学生来说有些不足。许多高年级或毕业年级学生也认为，在线教学不利于知识点的练习，因而更倾向于传统课堂。

最后，对不同学科来说，在线教学的合理性差距较大。例如，美术欣赏课非常适合在线的形式；在线信息技术课要达到好的效果，对学生的电子设备有一定的要求；在线体育课则存在着一定的安全风险。

应该看到，在新冠疫情下这场大规模在线教育实践，实际上让在线教育的优势和劣势得到了显现。这场疫情过后，在线教育有可能"退潮"。因为传统学校学习模式仍然难以替代，师生面对面教学、学校集体生活对学生社会化的意义等，都是在线教育无法取代的。但潮水的方向不会改变，在线教育一定会是未来教育变革的趋势，将与传统教育模式长期并存[1]。在上海市新冠疫情防控新闻发布会上，上海市教委主任陆靖也表示，开学后市级平台的视频课将继续播

---

[1] 俞凯. 上海加快启动 5G 教育专网，让孩子们上网课不再"卡顿"[EB/OL].（2020-04-17），http://
https://m.thepaper.cn/newsDetail_forward_7019787.

出，方便学生回家后选择需要强化的内容学习。因此，在新冠疫情期间，这样的课堂组织形式对于保证学生的基本学习需求还是可取的；但在新冠疫情结束后，应在正常教学中充分发挥这种课堂组织形式的优势，避免其对各方带来的不利影响，利用好疫情期间的在线教学探索成果。

（二）课程内容丰富，师资雄厚

本次在线教育的课程内容坚持德、智、体、美、劳"五育并举"，不同学段的课程都比较丰富，平均每天排课控制在 5—6 节。具体课程门类为：小学阶段包括语文、数学、外语、体育、美术、劳动与技术、音乐、自然、道德与法治、心理、科学、写字；初中阶段包括数学、语文、外语、历史、物理、道德与法治、化学、科学、地理、体育、劳动与技术、社会、信息科技、思想品德、心理、写字；高中阶段包括数学、外语、语文、地理、物理、思想政治、体育、化学、历史、生命科学、音乐、美术、信息科技、阅读。

除了这些常规课程以外，"防疫"作为社会热点问题，也以课程的形式进入中小学在线教学。一些常规学科的课程内容中也适当地结合了疫情，内容紧跟时代。在各学段课程中，占比最大的均为语文、数学和外语课程，具体比例如附录表 3 所示。[①]上海市风华初级中学校长堵琳琳认为，课表充分体现了国家和上海市对于初中学生的培养要求，保障了基础型课程的落实。上海市控江中学校长姜明彦认为，在线教学课表，既保障了基础型课程的有效实施，也兼顾了高中学生选科的实际需要。教学资源的保底性和课程安排的规范性，满足了高中学校教学的基本需要，同时为学校校本化实施预留了空间[②]。

附录表 3 语文、数学和外语在不同学段课程中占比的统计表

学科	各学段比例（%）		
	小学	初中	高中
语文	52.97	24.01	15.86

① 来自上海师范大学内部报告《上海直播数据分析》，2020.

② 韩晓蓉，俞凯. 如何让学生"见屏如面"？探营上海 141 门网课录制现场［EB/OL］.（2020-02-20），http：// http：//m.thepaper.cn/quickApp_jump.jsp?contid=6045748.

（续表）

学科	各学段比例（％）		
	小学	初中	高中
数学	25.33	28.12	20.71
外语	16.81	27.86	19.42

由于在线教育的特殊性，如面向对象多，影响范围大，这些特点导致了本次在线教育课程具体内容的选择十分谨慎。首先，课程注重科学性。学科知识严谨，表述准确，不能在学理上出现纰漏。其次，课程注重内容的基础性。由于授课对象是全市同年级学生，只能以基础知识为主，再适当拓展。再次，课程注重内容呈现形式的多样性。由于在线教学条件限制，授课内容不能通过师生对话形式展开，在教学中教师就尽量通过讲授、课件播放、信息技术动态演示和实物展示等形式呈现给学生，力求形式的多样性，让学生能从不同角度观摩，以更好地理解。

在线教学的课程作为新冠疫情背景下的"民生工程"，其资源建设汇聚了一批优秀教师。由团队精心设计，思路清晰，角度新颖，分析深刻，保证了课程品质，得到了认可。学生对于课程内容比较喜欢，认为课程难度适中，问题设计适宜，作业量适中。教师也对课程内容给予基本肯定，比如上海市建平实验中学原校长李百艳表示，"总体的教学效果比预想的要好很多""依托优质教学资源""最基本的教学质量得到保证"。一些一线教师也表示，大部分学生对于基础知识的掌握较好。上海市曹杨第二中学原校长王洋认为，虽然"从密度容量上看，基本满足学生的学习要求"，但对抽象内容的转化和高阶思维的落实上还有待提升。业内人士指出，在线教育企业的核心不仅仅是"在线"，更是教育和服务，其中不仅有对技术的需求，还需要时间沉淀教学教研[①]。因此，在线教学的课程内容与课程标准相符，能满足儿童成长的基本要求，与线下常规教学虽然还有差距，但是囿于环境和技术，在特殊时期能完成这些内容的教学已经超出了多数人的预期。当然，本次在线教育的课程内容对于少数尖子生和学困生的学习，以

---

① 佟明彪．轻轻教育：为每个孩子匹配最适合的老师［EB/OL］．（2020-09-12），http：// http：// www.ce.cn/cysc/newmain/pplm/qyxx/202009/12/t20200912_35727306.shtml.

及在拓展学生的综合能力方面还稍显不足，可选资源也较少。例如，上海外国语大学附属中学的王静老师在访谈中认为，自己班级里，中上层次学生会"吃不饱"，他们会增加作业难度。这是大规模集体在线教学难免会遇到的，面向对象众多，步子就不能迈得太大。上海师范大学四附中语文教研组反映，整个课程中留给学生的思考时间较短，基础薄弱或预习不到位的学生可能稍显吃力。应该看到，在目前的教育技术下，大规模在线教育难免会出现部分学生的教学需求难以满足。这种现象会随着在线教育技术的发展和"线上""线下"的深度融合，逐步得到解决，课程内容会越来越契合儿童青少年个性化成长的需要。

（三）教学方案完善，学生满意

在此次在线教学中，直播、点播课程主要指的是上海市电视教学。学生不仅可以收看直播，每日课程结束后，东方有线还会将视频文件下发至各合作平台，方便学生点播。由于在线学习的特殊性，上海市电视教学方案的课程安排相对比较宽松。通过反馈情况可以看到，学生和家长对直播、点播课程总体较满意。其中，学生和家长对直播和点播课程的评价略有差别。在假设对"一线教师自己直播"的认可度是 3 分的前提下，学生对"上海市电视教学方案"的平均打分为 3.83 分，家长的平均打分为 3.34 分，具体如附录表 4 所示。

附录表 4　学生和家长对上海市电视教学方案认可度的描述统计

调查内容	人数	均值	标准差	均值标准误
学生对上海市电视教学方案的认可度	2316	3.83	1.130	.023
家长对上海市电视教学方案的认可度	2316	3.34	.953	.020

单样本 T 检验结果显示，如附录表 5 所示，学生和家长对"上海市电视教学方案"的认可度均极其显著地高于对"一线教师自己直播"的认可度（ $p < 0.01$ ）。进一步调研发现，少数学生更喜欢自己的老师直播的主要原因是渴望与教师互动交流，不喜欢教师"一讲到底"；更愿意一线教师自己直播的家长则觉得一线任课教师与学生互相之间更为了解，反馈更加快捷、准确。[①]

[①] 张人利.赋予信息科技灵动的教育生命［EB/OL］.（2020-3-20）.sohu.com/a/367703639_199998.

附录表 5　学生和家长对上海市电视教学方案认可度的单样本 T 检验

调查内容	检验值 =3					
	t 值	自由度	特征值（双尾）	均差	差异的 95% 置信区间	
					下限	上限
学生对上海市电视教学方案的认可度	35.448	2315	.000	.832	.79	.88
家长对上海市电视教学方案的认可度	17.164	2315	.000	.340	.30	.38

　　成对样本 T 检验结果显示，如附录表 6 所示，在学生和家长均对"上海市电视教学方案"较为认可的基础上，学生对"上海市电视教学方案"的认可度显著地高于家长的认可度（p < 0.01）。

附录表 6　学生和家长对上海市电视教学方案认可度的成对样本 T 检验

配对对象	成对差异					t 值	自由度	特征值（双尾）
	均值	标准差	均值标准误	差异的 95% 置信区间				
				下限	上限			
学生—家长	.493	.500	.010	.472	.513	47.413	2315	.000

　　但是，直播、点播课程也存在一定的弊端。从反馈结果来看，这主要表现为：在直播、点播课程中，师生无法当面互动，教师对学生的管理和监测面临挑战。例如，上海师范大学附属外国语中学在调查中表示：目前的在线直播课程缺乏师生间面对面真实的情感交流和生成性问题的探讨，对于课堂默写、"短平快"小练习和测验等教学环节，视频教学还未能做到。教师只能尽量满足多数学生的需求，难免忽视学生的个性和差异性。此外，在线教学中不仅学生的学习差距会拉大，教师的专业发展水平差距也会拉大。例如，上海师范大学附属第二中学校长蔡文反馈：认真的教师投入大，工作量加大，专业发展也更深入；不认真的教师变得更容易糊弄了，也容易把责任推给学生，责怪学生不努力。出于对学生学习直播、点播课程中面临的各种未知问题的关切，上海市电化教育馆成立了一支市民热线回复团队，竭尽全力回应市民诉求，成功解答率

达 100%[1]，有效缓解了直播、点播课程自身弊端对学生学习带来的不便。

（四）互动平台多样，满足需求

本次在线教育提供了多种师生互动、生生互动以及教师和家长互动的平台。例如，在班级集体授课阶段，教师可以和学生连麦，可以让学生在线完成选择题和填空题的练习，教师给予现场反馈。学生可以自行组团，通过微信群语音或者视频交流学习。此外，教师还可以通过晓黑板、微信群和学生、家长实现互动。

这些互动方式都比较有效，特别是通过微信群的生生互动方式让学生之间亲密度更高，也更愿意表现自己。同时，学生的作业通过拍照上传、教师"线上"批改反馈的这种互动方式在后期常规教学中也可以推广。随着教育技术的发展，以后教育会越来越智能化，技术能越来越准确地帮助教师批改作业，帮助教师从繁重的重复性劳动中脱离出来。当然，在线教育的互动与"线下"教育还存在一定差距，这是教育本身特点所难以避免的。例如，一些学校反映，在此次在线教学的前期，由于教育类网络平台并发量不足，当在线学生过多时，容易造成网络拥堵和丢帧，出现声音消失、视频卡顿、时间延迟等现象[2]。后期互动平台的使用逐渐流畅，为教学提供了很大的支撑。

1. 各区学校使用的互动平台以及反馈意见

在各类互动平台的总体服务品质上，教师们普遍认为，互动平台的品质参差不齐，各有优劣。例如，作为市级推荐的互动平台之一，钉钉平台在实际教学中很难开展互动，尤其是生生互动[3]；还有一些平台功能设置不甚合理[4]。因此，在进行了本土探索之后，各区学校基本上都选定了适合本区的互动平台。

例如，上海市徐汇区的初级中学普遍通过"腾讯课堂极速版"在线开课、答疑和互动。极速版是腾讯课堂针对新冠疫情期间快速开课的诉求而研发的，具有门槛低、稳定流畅、互动性强等特点。教师们只需 3 步即可快速搭建专属的在线课堂，学生 1 秒即可上课。实时、高清、全平台、交互式的在线视频授课服

---

① 来自上海市电化教育馆数据。

② 来自上海市教育委员会内部报告《大规模在线教学存在的问题及对策研究报告》，2020.

③ 来自上海市教育委员会内部报告《在线教育变革传统教研报告（摘要版）》，2020.

④ 来自上海市教育委员会内部报告《大规模在线教学存在的问题及对策研究报告》，2020.

务，能够同时满足小班制、大班额等多种在线教学场景的需求。另外，极速版内置了丰富的平台工具，包括实时音视频、PPT 课件共享、屏幕分享和录制回放等，可实现线上线下的灵活互动和交流，让师生在最短时间内获得高质量的上课体验，保障教学效果①。

而上海市杨浦区的 93 所中小学则青睐企鹅云课堂，师生、家长们的反馈普遍很不错。杨浦区教育局相关负责人表示，企鹅云课堂内置的作业提交、打卡、互动、数据分析等功能模块，"非常契合当下在线对学生进行辅导、答疑的需求"②。

上海市松江区则打出了一套"腾讯智慧校园 + 企业微信"的组合拳。教师们点评这款产品：快（平台搭建快速）、简（上课模式简单）、易（应用操作容易）、稳（直播稳定无卡）③。

2. 典型互动行为及其分析结果

在互动开麦方面，虽然教师在直播过程中能够进行提问，但是教师们还是感觉课堂交流较少，无法在线及时调整授课内容，满足学生的需要④，还有少部分老教师对使用电子设备进行线上互动仍然不太熟练，存在一定的困难。《上海直播数据分析》也显示，53.31% 的直播课堂没有开麦，具体情况如附录表 7 所示。

附录表 7　中小学不同学段互动中的开麦情况统计表

学段	小学	初中	高中
不开麦课堂比例	52.25%	53.71%	66.67%
开麦互动的平均开麦次数（次）	32.37	24.28	18.55
平均发言时长（秒）	154.39	259.36	292.88

① 腾讯教育. 在家也能线上授课　腾讯课堂 10 秒极速在线开课操作指南［N］.（2020-02-04）. https://edu.qq.com/a/20200204/012743.htm.

②③ 易潇，毕磊　腾讯教育助力上海中小学生 3 月"空中开学"［N］.（2020-02-21），http://it.people.com.cn/n1/2020/0221/c1009-31597659.html.

④ 来自上海市教育委员会内部报告《在线教育变革传统教研报告（摘要版）》，2020.

　　在作业批阅方面，以"微校网络学习空间"为例，在 30 所使用该平台的学校中，学生提交课后作业数与教师批阅数之比最低为 1.07∶1（上海市海南中学），最高为 3.62∶1（上海市沙田学校）。30 所学校总体的学生提交课后作业数与教师批阅数之比为 1.88∶1，大部分学校集中在 1.50∶1 到 2.00∶1 之间，具体如附录表 8 所示。

附录表 8　"微校网络学习空间"课后作业提交与批阅统计表

序号	学校	学生提交课后作业数	教师批阅数	学生提交作业数与与教师批阅数之比
1	上海市向明中学	2507	2232	1.12∶1
2	上海市宛平中学	2195	1596	1.38∶1
3	上海市位育中学	19309	8982	2.15∶1
4	上海市徐汇中学	167648	90017	1.86∶1
5	上海市桃浦中学	2113	1205	1.75∶1
6	上海市普陀区明翔实验学校	3604	1211	2.98∶1
7	上海音乐学院附属安师实验中学	1741	1444	1.21∶1
8	上海市沙田学校	15331	4236	3.62∶1
9	上海市培华学校	7874	5782	1.36∶1
10	上海市虹口区张桥路小学	19205	9001	2.13∶1
11	上海市虹口区第四中心小学	43913	18436	2.38∶1
12	上海市民办宏星小学	4387	1432	3.06∶1
13	上海市北虹初级中学	7595	4678	1.62∶1
14	上海市海南中学	1546	1440	1.07∶1
15	上海市民办新华初级中学	5609	3312	1.69∶1
16	上海市北郊学校	109243	68254	1.60∶1
17	上海市霍山学校	3413	2682	1.27∶1
18	上海市长青学校	10269	4490	2.29∶1
19	上海市培华学校	5141	3383	1.52∶1
20	上海市宝山中学	2405	1044	2.30∶1
21	上海市金川中学	3920	2115	1.85∶1

（续表）

序号	学校	学生提交课后作业数	教师批阅数	学生提交作业数与教师批阅数之比
22	上海市杨园中学	23090	8785	2.63∶1
23	上海市六团中学	21267	10686	1.99∶1
24	上海市浦东模范中学东校	23121	11587	2.00∶1
25	上海市建平世纪中学	12280	5340	2.30∶1
26	上海市民办中芯学校	102997	61052	1.69∶1
27	上海市航头学校	374725	207068	1.81∶1
28	上海市下沙学校	51400	26546	1.94∶1
29	上海市浦东新区花木中心小学	33656	18400	1.83∶1
30	上海市青浦区崧泽学校	52878	16387	3.23∶1
	总计	1134382	602823	1.88∶1

由附录表 8 可看出，师生在作业上的互动较多，学生的作业能马上呈现在教师面前，教师也能立即给予反馈，要求学生及时订正。但是一线教师也反映，学生的主动性差异较大，作业的具体完成情况参差不齐。学生作业提交数和教师作业批阅数之比如附录图 2 所示。

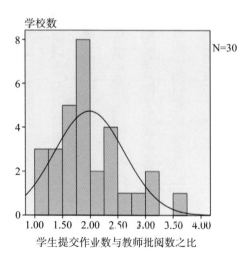

附录图 2 "微校网络学习空间"学校作业提交与批阅情况统计

　　总体来说，各种平台均需继续优化，可鼓励交互平台开发者根据师生交互的特点来设计和推出教育领域的专属平台，向师生在线交互的真实性和便捷性靠拢。正如晓黑板创始人卜江所说，"疫情下的在线教育像'早产儿'，实际上并没有完全准备好，会有一些不足，但已经出生不可能'塞回肚子'，只能不断优化解决出现的问题，提升服务"①。从在线教学反馈情况来看，各方面对于上海在线教育的实施情况都较满意。无论是硬件设备，还是教师和教育管理者的专业化水平等软性素质，上海都位居全国前列。在突发疫情情况下，上海市应变及时，效果明显，较好地为学生创设了新的学习路径。学生、教师、教育管理者和教育研究者也在这个过程中得到了较大的提升。

（五）育人效果良好，教师认可

　　根据 2020 年 4 月 26 日中小学返校恢复线下教学之后的教师问卷调查，教师对大规模在线教学的质量普遍认可。

　　超过 88% 的教师对在线教学的质量给予了满意的认定。总体来看，随着学段的降低，教师的满意度在提高。这意味着当前的在线教育更多地适合大多数学生的日常托底教育，基本可解决学生普遍的学习需求，如附录图 3 所示。

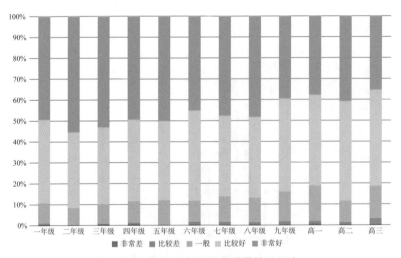

附录图 3　教师对在线教学质量的认可度

① 许婧.上海"在线新经济"：疫情带火在线教育，"早产儿"逐渐融入"慢"产业.〔EB/OL〕
（2020-04-26）.Chinanews.com.cn/cj/2020/04-26/9168191.shtml.

　　由于 2020 年上半年学期结束，上海的小学普遍取消了期末考试，上海师范大学联合"松鼠 AI"，对学生的基础知识和基本技能的情况进行了抽样测试。结果显示，在所有学段，学生的知识掌握率和能力值均获得了较大程度的提升。不过，因为缺少使用同一工具对以往同学段线下教学的效果进行的测试，该测试的积极效果目前只能作为经验判断。

　　相对于基础知识和基本技能的发展，教师对学生的思想品德发展的效果普遍满意。相关的满意度也呈现出一定的年级规律，低年级教师普遍更加认同学生的思想品德发展情况。高年级可能是因为思想品德更加需要班集体群体力量的塑造，目前的在线教学环境尚无法完全承担这种集体的社会化功能。因此相对于低年级，教师对高年级学生的思想品德发展的满意度相对低一些，但仍然处于较高的水平，如附录图 4 所示。

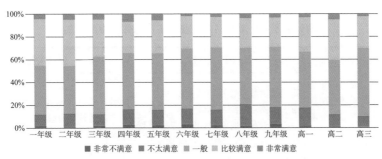

附录图 4　教师对学生思想品德发展情况的判断

　　在学生各方面思想品德发展的具体项目中，学生国家认同感的发展是最醒目的，这可能是特殊的疫情环境所造成的，如附录图 5 所示。各学校通过在线

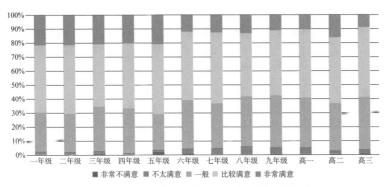

附录图 5　教师对学生国家认同感发展情况的判断

教育平台，进行了充分的爱国主义教育和国家安全教育等方面的主题教育，对学生的国家意识与民族情感的培养起到了重要作用。

（六）政府决策科学，广受赞誉

从 2020 年上半年项目组对国内各省市和各国的做法的跟踪了解来看，上海本次大规模在线教学的做法具有典型性与合理性。

1. 上海与国内各典型省市的比较

与北京、天津、广东、浙江、南京等省市的比较可以发现，上海的"一源双师多渠道多终端"的总体方案，符合上海基础教育的特点，充分调动了全市的优质资源，为广大中小学提供了统一的学习内容和教学解决方案，解决了学生的受教育需求。这种做法能够最大限度地保障在线课程的质量，减少可能出现的学校和社会矛盾，并为统一规划未来的在线教育升级方案形成了良好的社会基础共识，如附录表 9 所示。

附录表 9　上海与国内各典型省市总体方案的比较

地区	实施方案	具体举措	师资力量
上海	一源双师多渠道多终端；全学段、全覆盖、全媒体、全免费	同时提供数字教材和纸质教材；市教委按照"同一学段、同一课表、同一授课老师"的原则，由市级层面制定统一的覆盖全市中小学的教学方案	组织了全市各学段、各学科 1000 多名优秀骨干教师按照课程标准录制相关课程
北京	各区、各校根据实际情况，进行线上授课	以通州区为例：通州区教委将面向全区中小学生开设线上"名师课堂"，提供网络直播、有线点播等多样化课程	以通州区为例：通州区遴选出 4 名特级校长、12 名正高级教师、72 名研修员和 163 名骨干教师，共计 251 名优秀教师为学生录课
天津	一区一案、一校一策	小学课程录制，每个区承包一个年级，中学课程由 4 个区承包；各中小学根据教学实际，制作学习内容。各小学的"云课堂"以录制微课为主，形式简单，内容丰富	依据"一师一优课、一课一名师"资源，教师们根据教学实际，精心选择适合的学习内容
广东	由县（市、区）统筹安排，有条件的中学，以校为单位组织开展线上教学	初中由县（市、区）统筹安排或有条件的学校以校为单位组织，开展集中教学、个性化辅导、主题探究和项目学习；小学由县（市、区）统筹安排，语文、数学、英语等学科要强化学科学习能力和生活能力培养，引导学生预习	各地组织名师、骨干教师和学科带头人通过网络集体研究、备课，开发精品课程，严把课程质量关

（续表）

地区	实施方案	具体举措	师资力量
南京	一区一策，全区各年级统一课表和课程	由各区教育部门对线上教学活动进行统一管理和指导，决定教学内容。南京市秦淮区、鼓楼区、建邺区等由区里统一录制相关视频，学生可以自主选择	该区在线课程由全区骨干教师按教材教学进度进行授课
浙江	学校全覆盖、学科全覆盖，因地制宜，符合校情、师情、学情、生情	线上教学以班级为单位组织授课和双向互动，以录播课为主，采取"录播＋线上答疑"的形式。有条件的学校可以采用"直播＋线上答疑"的形式。课后辅导采用点播或线上答疑形式；学校同一年级同一门学科，由一名有网络教学经验的优秀教师统一授课或录制课堂教学资源，也可选择其他适合的教学资源。班级的原任课教师应同步听课，做好线上答疑、作业批改和反馈以及个别辅导等工作	充分调动各中小学校和教师的自主性、能动性，组织名师、骨干教师开展网络直播、录制课堂教学资源

2. 中国上海与其他国家的比较

与美国、德国、意大利、法国等国进行比较，我们可以发现，中国上海的方案做到了统一性与灵活性的兼顾。国外在新冠疫情肆虐期间的在线教育做法，分为统一规划和地方独立治理两种形式，但普遍存在着不同形式和不同程度的教育公平问题。这些国家虽然在线教育开展的基础普遍较好，但因为缺少大规模社会协作的机制，往往无法做到统一地提供高质量的课程，特别是由于家庭接收终端和网络建设分布的不均衡，在线教育很难覆盖所有的群体和家庭，造成了一定的社会矛盾，如附录表 10 所示。

附录表 10　中国上海与其他国家总体方案的比较

城市／国家	教学形式	具体举措	主要特征或待改进之处
上海	线上"空中课堂"全覆盖，全市统一	同时提供数字教材和纸质教材；上海市教委按照"同一学段、同一课表、同一授课教师"的原则，由市级层面制定统一的覆盖全市中小学的教学方案	全面覆盖、全市统一，在统一教学的基础上各校灵活应变

（续表）

城市/国家	教学形式	具体举措	主要特征或待改进之处
美国	各地区、各校自主制订方案、安排教学形式	具备线上教学条件（硬件设备、互联网）的学校自主制订线上教学计划，部分学校无法开展线上教学；依托 Google Classroom、Blackboard 等教学平台和 Zoom 等在线会议软件	依据各区、各校实际情况自主制定，灵活多变，线上教学较为匆忙且未全面覆盖，线上教学设备、网络等都成为阻碍教育公平的问题
德国	调动国内各州力量，共建线上教学平台	紧急拨款、调动资源建设信息化教学网络、平台、课程资源；社会学习门户网站、电视广播电台等开放线上学习资源	信息化学习水平不等，教师队伍偏老龄化，低年级学生线上学习存在困难
意大利	提供免费教学平台，各校自主制定教学策略	及时出台指导性文件，增加资金投入；提供多个免费线上教学平台；各校自主制定教学策略	线上学习主要覆盖大学学段，学段覆盖面相对单一
法国	国家提供统一的线上教学资源	出台"教学连续性"政策；依托国家远程教育中心"居家课堂"为学前至高中阶段学生提供四周的在线课程，同时可使用其他辅助平台；学校教育频道定时播放"学习型国家"节目	提供统一性的学习课程资源；缺乏覆盖全学段的统一教学平台；学生的信息化学习条件不等，存在教育公平问题

3. 国际组织和媒体的积极反馈

上海的大规模在线教学，受到了国际和国内的广泛关注。联合国教科文组织（UNESCO）发布《上海在线开放教育：COVID-19 疫情期间的应急措施与创新实践》，总结了上海在市、区、校层面应对新冠疫情下在线教育的 5 个案例，指出上海"为各学段和各群体的学生提供了个性化的解决方案"。

中国教育新闻网报道："上海在线教学'空中课堂'实现了稳步开展、稳定运行、保证质量、全员受益的基本目标，社会整体反响良好。"

《人民政协报》报道，上海"把最优秀的课堂教学推到所有学校，让薄弱学校的学生也可以享受到较高质量的课堂教学"。

在 2020 年 7 月的世界人工智能大会上，与会专家也指出，此次在线教学

"整体运转平稳有序，学生、家长的反响及社会舆论总体良好。这既是对上海教育信息化建设的检验，也是未来人工智能时代在线教育新模式的预演"。

二、新冠疫情期间在线教育的经验和收获

这次因新冠疫情而启动的大规模在线教育，既是对过去上海教育信息化建设成果的一次检验，也反映了政府决策部门在疫情来临之际的当机立断和有效应对，开启了未来在线教育和传统教育融合的新纪元。新冠疫情肆虐期间相关工作的经验和收获，为未来持续性的教育信息化建设提供了基础。

（一）现代教育技术撬动教育变革的潜力得到初步检验

1. 教育技术从幕后走向前台

教育信息化推进的过程中，主要的应用场景都是在学校，而不是在家庭，所以，前期投入的重点主要是硬件、设备的教育信息化，并没有形成真正在线教育的系列化、标准化。

本次在线教育的开展，全市教师都切身体验了数字化学习的全流程。从学生签到、材料分发和收集、作业数字化批改、在线文档协作、直播答疑互动、个性化资源录制等环节全方位体验了信息技术工具。师生、家长亲身体会到了教学形态、流程、模式上的新变化，体验到了新的教和学的生态系统，体悟到了学校、教育、课程、教师等概念内涵被赋予新的定义。这无疑在教育信息化的历史上具有里程碑意义。

2. 推动教育优质均衡发展

这次新冠疫情改变了当下的教育供给形态，也暴露了区域之间、城乡之间的教育差距问题，部分地区存在网络供应不上、硬件资源跟不上的问题。为保障中小学在线教育的有序进行，各地纷纷采取了有效措施保障教育均衡，各网络平台也开放了大批优质的学习资源，满足学习者的不同学习需求。

"空中课堂"集优质名师、优质课程资源于一体，使得各地区和学校都能拥有高质量的教学，获得统一的资源，在一定程度上促进了教育优质均衡发展和教育公平，客观上为教育优质均衡发展和线上教育提供了机遇，为教育优质均

衡发展积蓄更可靠的内生力量。

3. 人工智能赋予在线教育更多期待

这次新冠疫情，引发了人们对于教育人工智能的新思考。在线教育中教师无法对学生进行有效的监控和管理，学习者的态度和学习能力各不相同，对在线教育提出了要适应变化采取个性化教学策略的要求，从而保证教学质量。教学过程中，教师如何实现从面向小班学生到面向全部学生的积极转变，需要漫长的探索过程。单向在线输出式的教学无法满足师生要求，需要"线上""线下"教学相结合，创造灵活的教学环境，如群聊、在线学习平台同时采用，支持学生多种方式的互动，严格控制时间划分、采用多样化互动方式等。

这次上海在线教育的开展，使教师看到了新的教学模式——"线上"与"线下"结合的模式或许会成为未来的常态，能够为学生定制教学方案、推送作业任务等的"自适应教学系统"也代表着智慧化在线教育的未来发展方向。人工智能技术和大数据技术相结合，有助于实现在线教育个性化，优质教育资源能够充分得到应用，使因材施教成为可能，并惠及每一所学校和每位学生，推动了教育实现新价值。人工智能装备也为更好地实现教育现代化，提供了无限可能。

（二）大数据助力发现大规模在线教育的一些基本规律

利用大数据，我们发现了在线教育实施过程中教师教学、学生发展、技术平台应用的一些新规律。这些规律有助于我们在未来进一步深化"线上"和"线下"融合的教育过程中，合理地进行课程设置、教学设计和技术应用。

1. 不同学段、不同学科表现出不同的在线教育特征

学段和学科是在线教育差异的关键变量。晓黑板的大数据呈现了不同学段和学科师生行为互动的许多普遍特征如附录图6所示。例如，从教师参与互动直播的频率和时长来看，小学是习惯形成期，学生自主性较弱，需要教师更多的示范，因此教师和学生线上沟通的频率较高，但时间较短；初中生处于青春期，需要教师更多的陪伴与指导，所以初中教师的互动直播频率最高，时间最长；高中生的身心成长处于发展期，因此需要教师更系统的指导，表现为他们和教师的接触频率较低，但是每一次接触的沟通需要更多的时间。

	在线直播 教学特征	身心发展 阶段	在线直播 教学需求
小学	直播频率较高 直播时间较短	习惯形成期	需要教师更多 的示范
初中	直播频率最高 直播时间最长	青春期	需要教师更多 的沟通与指导
高中	直播频率较低 直播时间较长	系统发展期	需要教师更系 统的指导

附录图 6　各学段在线教学特征、身心发展阶段、在线直播教学需求

此外，通过在线学习，学生在科学等跨学科的综合课程和音乐等兴趣类的活动课程中，获得的成长也往往高于基础知识和基本技能类的课程。这可能是因为后者的学科知识体系更加成熟，更加需要教师的指导，而前者更多地需要创造力和想象力，因此学生通过在线教学的形式得到的成长空间更大。

2. 在线教育有助于释放学生的成长潜力

从附录图 7 中可以看到，返校之后，教师发现许多学生的成长超乎他们之前的预料，这让他们开始反思传统学校教育的消极影响。总体来看，在线教育减少了传统学校学习的束缚，减少了"从众"的学习控制，减轻了作业难度，减少了重复学习，减少了作业时间，如附录图 8 所示，减轻了学校压力，增加了学生和父母的信任与互动，增加了根据兴趣选择的学习机会。在调研中，我们进一步探索了这种新的教学形式的具体表现。其中一个案例颇有启示：一位小学一年级的学生在入学时，因为没有进行提前教育，属于真正的"零起点"。在进入小学的前半年，因为识字不多，也没有练习过写字，入学后上语文课比其他同学显得困难得多。教师也认为这名学生的"发育水平较差"。但小学一年级的下学期，因为在线教学的关系，她在完成"空中课堂"以及学校布置的任务之后，每天有很多时间做自己喜欢的事情，不用再花太多时间去练习专门的重复

识字。她喜欢读书，在线教学期间，她每天上完课就是看家里为她买的绘本和经典儿童文学作品。每天阅读时间在两小时左右，阅读量约为 5000 字。计算下来，2020 年上半年返校之前，她的阅读量达到 50 万字。返校之后，在教师看来，她的识字和写字水平突飞猛进，甚至成为班级中语文阅读与理解能力最好的学生。这不得不让我们反思如何重构学校教育，让那些不适应被炒成"大锅菜"的学生，有根据自己的节奏来发展的机会。

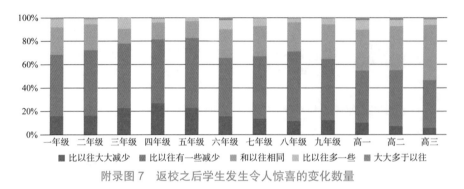

附录图 7　返校之后学生发生令人惊喜的变化数量

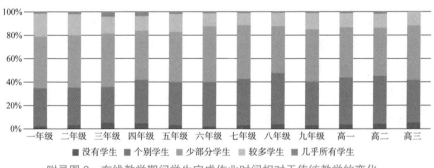

附录图 8　在线教学期间学生完成作业时间相对于传统教学的变化

3. 多模态互动让"线下"课堂中的大多数沉默者发声

在线教学表现出的崭新特征之一是，教师和学生之间的沟通不再限于直接的相互对话。从这次在线教学来看，具体的表现为以下几点。

第一点，互动的形式变得非常多样。除了互动直播这种类似于线下课堂的师生对话之外，还有在技术平台上的各种形式的交流，包括相互发送视频、语音、图片、文字等。后面几种互动形式的总量，已经远远超过了直播互动，如附录图 9 所示。

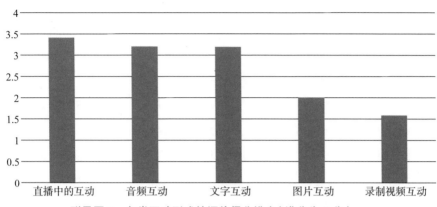

附录图 9　各类互动形式的评价得分排序（满分为 4 分）

　　第二点，打破了互动的时间束缚，学生的应答总量在提升。在传统课堂中，因为课堂时间的限制，沉默往往是不容易被容忍的。但在网络交流中，教师的一个问题，学生完全可以用更多的时间去思考，然后通过不同的表现形式来回复。这样的沟通过程不再是"寻找标准答案"的过程，而是真正的思维能力锻炼过程。从晓黑板的大数据可以看出，如附录图 10 所示，在 25 万参与课堂教学的学生中，每天举手发言的人数达到了 10 万左右，而每天不通过举手就直接发言的学生甚至达到 13 万左右。这一比例大大高于传统课堂。

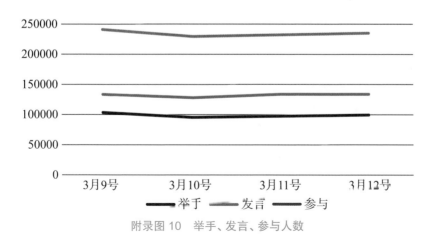

附录图 10　举手、发言、参与人数

第三点，互动的结构和顺序在变化。在传统课堂中，教师要对完成整个课堂的教学任务负责，因此课堂的对话结构往往是教师提问、学生回答，但在线教育中，这一顺序往往会掉转过来，教师要随时准备好回答学生通过留言板等形式提出的问题。

4. 资源整合拓展了学生探究学习空间，助力创新人才培养

各种科技创新活动都在谋求在线实施的途径，为学生提供了更多资源节点，如附录图 11 所示。节点越多，节点提供的资源就越丰富，创新活动越接近"问题中心""学生中心"。学生的创新自主性在加强，从"参加这个活动"到"通过这个活动来推进我的研究"。丰富的资源供给对接了学生的创新需求，而泛在的学习环境支持可以更加灵活地开展项目化学习。

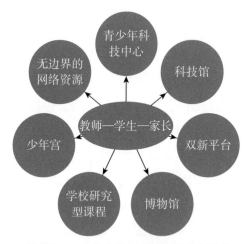

附录图 11　支持在线创新的资源节点网络

这也为未来的技术平台建设提出了更高的要求，需要与多个资源节点进行对接、数据交换和个性化推送，为每个学习者提供"智能学伴"，为每个教育者提供"智能同事"，以保证大规模因材施教的效率。

5. 技术平台与用户的相互调适机制决定着在线教育发展的可持续性

调研数据表明，教师对本次大规模在线教学的适应情况总体较好，如附录图 12 所示。超过 80% 的教师表示，能够适应此次在线教学的各方面要求。具体而言，随着年龄的增长，教师的适应性也会稍有下降，但总体各年龄段差别不大。

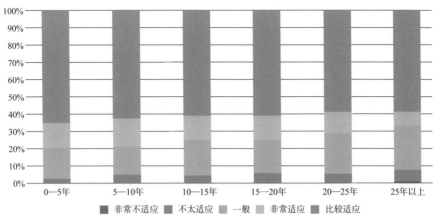

附录图 12　不同教龄的教师对在线教学的适应情况

一方面，上海市师资培训中心、上海市电化教育馆、各区教育学院和校本的突击培训，为在线教学的顺利开展提供了坚实的保障。另一方面，上海一直以来坚持的教师信息化培训也为教师迅速地掌握在线技术平台的操作奠定了基础。

技术平台也需要适应师生和学校的要求。晓黑板从在线教学之初的饱受质疑，到后来根据要求不断调整平台功能，较好地适应了在线教学的要求。这是双向调适的过程。未来技术平台的改进升级与教师教学模式的变革一定是同步进行的，缺少任何一方的努力，都很难支持整个融合教育的重整需求。

（三）教育资源的共建、共治、共享机制得到深入探索

在新冠疫情的影响下，为响应教育部"停课不停学"的号召，在线教育资源的共建、共享显得尤为重要。各主体，包括政府、企业、学校等，纷纷投入在线教育资源的建设中，为教育资源的共建、共享做出了突出贡献。

1. 积累优质教育资源

上海市教委此次组建了高层次教师团队，1000 多名优秀教师组成了名师"梦之队"，统一标准录制了 1 万多节视频课。这意味着，不论是偏远郊区还是中心城区，同一年级所有的学生都将享受同一名师上的同一堂课。除了 1000 多位"空中课堂"的名师，全上海的 15 万中小学教师也接受了统一培训。名师加受过统一培训的各校教师，"双师课堂"的新探索让学生大呼过瘾。在形成优质资源的同时，我们也形成了一套完整的资源设计、开发、制作、审核流程和机制。

调研中，校长们反馈本次市级"空中课堂"课程资源紧扣课程标准或学科教学基本要求，讲解清晰、重点突出、难度适中、进度合理，富有针对性和实用性，有助于学生夯实基础和构建知识网络，让更多的学生享受优质的师资等教育资源。学生可不受时间和空间限制进行学习，并可反复观看视频进行学习。对青年教师而言，这有助于他们的专业成长，在青年教师的成长过程中起到了引领和示范的作用。

本次"空中课堂"录制的教学视频有如下特点：

第一点，时长控制得当，符合微课理念。每节课 15—20 分钟，时长为传统课堂教学的一半，与课后的 20 分钟在线互动形成了"完整"的教学单元（这个时长也在微视频的时长上限范围内）。

家长反馈，"空中课堂"主要以教师的讲解为主，语速适中，语调亲和，小孩子听得懂。每天晚上有回放上传，有利于完成作业时反复回看。

第二点，教学内容凝练，教学逻辑清晰。每节"空中课堂"的教学视频都是教学内容的凝练，虽然时间有限定，但经过教师精心设计，完整的教学环节依然得以保留。以数学课为例，在 20 分钟的时间里，复习—新知—猜想—基础题目—题目拓展—课后练习—归纳总结—课后作业，完成了整个内容的衔接和闭环。其中，概念的梳理也很清晰，专门有一页 PPT 整合了一节课的全部概念。

第三点，教学方式多样，媒体丰富。本次教学视频不是简单的讲课录制，各学科的名师、教研员都各尽所能，设法减少单向讲授的枯燥。从已播放的视频看，每节课的内容都有补充型的教学媒体来配合、丰富教师的讲解。例如，针对有些知识点，教师会创设问题情境，制作成动画贯穿其中。针对有些实验课程，教师进行了专门的拍摄。可以说每节课都是按照"精课"的标准在打造。

"空中课堂"推出以后，不仅引来了本市家长们的围观，也成为外省市学生学习的资源、教师教研的资源。有些学校还专门组织培训学习。从各渠道的微信推文看，本次教育资源的品质得到了多方的认可。很多音、体、美课程，甚至是英语课程成为老年群体学习的素材。"空中课堂"为上海基础教育积累的 1 万多节由优质师资集中打造的资源，为以后知识点讲授性的教学提供了教研的素材。

2. 形成多个层面的共建机制

通过在线教育让优质教育资源开放共享，为今后的在线教育推广应用提供了经验。在线教育在确保"停课不停学"的同时，开启了学习新时代，为上海基础教育实现更高程度优质均衡的新跨越提供了新契机。

除"空中课堂"的教育资源外，此次在线学习还让学校、教师看到了大量社会教育资源的供给，包括有声读物、科普视频、在线场馆等。教师也在各个教学平台上上传了自制资源，形成了立体化的资源库。

对学生、家长的调研反馈，新冠疫情期间，97%以上的学生和家长对于"停课不停学"的教育效果持认可态度，其中有42.8%的学生和家长认为教育效果能够满足或超过预期。除全市统一安排的"空中课堂"外，各区学校还结合教学实际，推出各具特色的网络在线教学方案，受到学生和家长的欢迎。

（四）政府、学校、企业全面合作的教育生态逐渐成形

1. 形成区—校—企的中观生态

为确保在线教育的顺利展开，上海各区、校纷纷采取了措施。以下是各区的做法，如附录表11所示。

长宁区教育局在启动区域在线教育顶层设计之初，就强调对区域在线教学特色资源的梳理以及平台资源的排摸。截至2020年2月底，区域提供在线教学特色资源共享课共计8000多节，有8个交互平台为全区中小学实现在线教与学提供了技术支持。

虹口区全面排摸学生持有终端和家庭网络的情况，对于14名既没有终端，也没有网络的学生（涉及10所学校），由学校制定"一人一策"托底方案，通过借用、捐资等方式，解决好开展在线教学的问题，不让一个学生掉队。

宝山区高度重视在线教育的全面部署，形成"四位一体"的管理架构，即教育行政、教育学院、督导室及社会平台运行支持机构等多部门联合工作机制。

奉贤区高度重视在线教学工作，教育局、教育学院、科委、文旅、融媒体中心、电信、移动、联通、东方有线等单位协同推进，力求不让一个学生"掉线"。

不仅如此，相关在线教育企业在此次在线教育的发展中起了很大的作用。综合各区的统计，16个区的各学校反馈：共选择有44个教学互动平台，其中使用市级推荐的互动平台晓黑板、钉钉和腾讯占比总计80%，三个平台使用人数稳定在210万。其他平台包括"上海微校"、希沃云课堂、一起直播、科大讯飞智学网、超星学习通等。

附录表 11　各区学校所采用的技术组合方案

学校	区	学段	"空中课堂"使用情况	其他辅助软件、平台
徐汇区教育学院附属学校	徐汇	初中	使用"空中课堂"课程，根据年级、上课情况动态调整使用方式	晓黑板或者微信小管家的平台
闵行第四中学	闵行	初中	使用"空中课堂"课程，但是学生感到偏难①，转为区课为主、市课为辅的教学策略。在视频教学的基础上，由任课教师进行辅导	钉钉
上海对外经贸大学附属松江实验学校	松江	初中	"空中课堂"课程＋教师答疑＋学生讨论	腾讯课堂，晓黑板、钉钉、企业微信直播课
静安区教育学院附属学校	静安	初中	教学不使用"空中课堂"课程，与教委有过沟通，学校自有网课，教师直播	
上海市实验学校	浦东	高中	教学不使用"空中课堂"课程，因为课程多为"保底型"，不适合层次高的学生，学校有自己的网课、教师直播	QQ、微信小程序等
上海市奉贤中学	奉贤	高中	使用"空中课堂"课程＋学校教研室自录课程＋直播＋在线答疑	用钉钉批阅作业
上海市松江区立达中学	松江	高中	使用"空中课堂"课程＋10分钟在线答疑	腾讯课堂、QQ群，从学校统一指定平台转为不指定统一平台
上海市金山中学	金山	高中	"空中课堂"高三课程不适合应考年级，没有使用，但教师会作为参考学习	

① 来自上海师范大学内部报告《上海中小学在线教育初中、高中英语课程实施情况调研专报》，2020.

2. 形成在线教育的大生态

全市 300 多万师生集中实施大规模线上教育，上海市教委与市经信委、通信管理局等相关部门通力合作，建立起包含 12 个有线电视直播频道（专供中小学"一个年级一个频道"播放课程）、8 个网络直播平台和 44 个在线交互平台的全媒体平台，为大中小学提供"教育高速网络专用通道"，并发动相关企业提供公益性资源支撑等，共同推进全市各级各类学校 330 万师生全日制在线教育的顺利开展，如附录表 12 所示。相关事业单位积极充当了沟通纽带和桥梁，如上海市电化教育馆与文广集团、东方明珠保持密切联系，积极对接东方有线和百视通，根据电视台播放制式，制定录课的技术要求和统一标准，第一时间下发各区。教育部门和线上平台公司（如钉钉、晓黑板、哔哩哔哩等）共同保证课程资源的上传和审核，有效地推进了在线教育的顺利进行。

附录表 12　部分企事业单位在新冠疫情期间对在线教育的贡献

企业名称	贡献
新华网	上线"新华云上学"课程专栏，为全国大中小学生提供上万节免费课程
人民教育出版社	将 2020 年春季开学即将使用的义务教育教科书、普通高中教科书、普通高中课程标准实验教科书等出版物的电子版公布在网上
三大运营商	中国电信面向湖北等地，在新冠疫情期间免费提供在线教育"电信云课堂"服务 中国移动免费提供了"多屏互动教学""云视讯远程教学"和"教育直播教学"3 套远程教学方案；针对疫区 12 年基础教育学生和家长，上线了"和教育"疫区专区，免费提供多学科、高质量名师课程资源 中国联通围绕远程课堂、教学会议等场景需求，联通云数据公司携手联通时科为湖北疫区教育部门及学校免费提供云课堂服务，为师生提供远程课堂服务
知网	"校外漫游"服务——高校、职校师生可以在校外任何地方免费使用该校所订购的知网数据库；知网旗下 OKMS·汇智（云服务版）向团队用户提供的文献在线阅读等服务；"知网研学"每日每人在线免费阅读文献等服务
腾讯	上线"战疫情·家校同步公益课"

（五）校长、教师、学生、家长的信息素养实现了提升

这次"空中课堂"的实践，让学生、家长和教师充分体验了"直播＋点播"的在线教学模式。特定时期网络教学所展现出的优势，将对后续的教学产生显性和隐性的影响。从对学生、家长的反馈分析和对教师的调研，我们可以看到如下共识。

1. 教师信息技术应用能力普遍提升

自上而下看，上海市教委融合多个专业团队力量对全市教师开展了 5 天 5 讲的"教师在线教学能力提升课程"通识性在线专题培训。这也是全市教师培训覆盖面最广的一次。各个区也同步开展有针对性的专题培训，各学校针对自己选用的在线教学方案持续进行校本培训和信息技术教学的研修活动。各级各层面的集中式、持续性的培训给全体教师进行了一次彻底的信息技术应用能力的实战培训。

更重要的是，通过这次特殊阶段的网上学习，教师的信息技术水平提高迅猛。学校对教师的培训、团队互助、教师的自我需求等，多种因素综合促成了教师群体对网络技术的快速掌握。

从对学校、各学科教师的调研发现，教师大多同时使用两个及以上的教学平台或者 App。从对校长的调研中发现，教师使用教学 App、信息化办公系统的能力迅速提高。中青年教师表现出了对在线教育更快的适应性，不少教师还利用手机和 App 自制教学资源，推送给家长和学生。学科教师不断发掘信息技术的优势，发现新的可能性。这一情况也和中国教科院的调研结果一致，即任教年限越短的教师，其在线教育相关指标表现越好。也就是说，教龄越短，教师在线教育所需技能的掌握程度越好、在线教育过程中师生互动情况越好、在线教育实际效果的满意度也越高。针对在线教育中暴露出来的问题，教师积极应对，通过综合运用图表、思维导图、现场板演等形象化手段，吸引学生的注意力，加深学生对知识的理解和记忆。通过设计制作课程的预习单和 PPT 的简洁表达等手段，提高在线教学的效果，如附录表 13 所示。

附录表 13 "空中课堂"下各学科对教学方式的改进 [①]

学科及代表学校学段	教师对空中课堂资源的评价	学生反馈	教师对网络教学的适应	对教学方式的改进（举例）
语文（高中）金山世界外国语中学 上海师范大学第四附属中学	课程难度适中，视频课程高效、结构清晰，学习方法强大	学生对于教师（专家）有一定的新鲜感。学生掌握知识的效果接近传统课堂的学习效果	教师网络技术适应较好	运用学生熟悉的语言和说法，进行再次讲授，其中会针对自己的备课情况进行补充，以问题链的形式来进行文本解读

---

① 来自上海师范大学对上海中小学各学科调研报告。

（续表）

学科及代表学校学段	教师对空中课堂资源的评价	学生反馈	教师对网络教学的适应	对教学方式的改进（举例）
数学（初中）华东师范大学松江实验中学上海师范大学附属中学	能涵盖中学的所有知识点，讲解清晰、质量高，教学难度适中，学生能接受。可以随时回看，不懂的地方可以反复看	能很快适应网上学习	教师在平时的教学中也经常利用网络进行辅助教学和管理。因此，学校的在线教学得以顺利地开展	年级组制作课件并辅以手写板书，给学生上课
数学（高中）上海市周浦中学上海师范大学附属中学	教师自行授课，市级共享课程会让学生复习用	学生对共享课程资源比较欢迎，作业完成情况良好	少部分教师对钉钉、QQ群等多样的功能需要适应	年长教师采用手写板书直播教学，年轻教师制作课件并与板书相结合
物理（高中）行知实验中学三林中学回民中学	难度适中，可以回看，不受时空限制，可以满足不同学生的需求	学生反馈不一。时间压缩后，留给学生思考的时间很少	教师能较好地适应	准备课前预习的学习资料；空中课堂结束后就课堂上的知识点讨论和讲解；做好课后作业的错题指导
英语（初中、高中）	英语课程文本分析非常详细，教学设计精美、有趣味性，对教师教学有启发，有很好的参考价值	课程适合中等学生，难度适中，有口头和笔头作业。作业过于基础，价值不大。对于基础薄弱的学生来说，无法听懂全英文授课，无法引起学习兴趣	教师能较好地适应	增加单词学习、拓展阅读内容、作业量，减少视频在直播课上的时间长度。在直播课中和学生一起看视频，在关键地方暂停，讲解效果更好
科学（初中）自然（小学）	难度适中	小学阶段的学生很难做到长时间的注意力集中	教师能较好地适应	教师自己制作录像、PPT和其他课件，课后发送至微信群
道德与法治（初中）思想政治（高中）	课程资源结合当下时政，并联系当下现实	学生满意度很高	教师能较好地适应	增加一些适合本校学生的内容，加一些案例分析
历史（高中）	名师授课，教学质量高，逻辑条理性强。	大部分学生能较好地完成作业	教师能较好地适应	

（续表）

学科及代表学校学段	教师对空中课堂资源的评价	学生反馈	教师对网络教学的适应	对教学方式的改进（举例）
地理	课堂内容难度适中，比较适合中等基础的学生，总体反映教学质量较好，内容较新，素材较好	喜欢这种线上课程。优势是可以暂停回看，可以记笔记，利于消化理解	教师能较好地适应	
信息技术（小学、初中）	统一、保底设计，有效保证了教学内容高质量地传递给学生	学生对信息科学科空中课堂的欢迎度属于较高	教师对在线教学适应性好	下载空中课堂直播课视频，整理成思维导图，作为复习资料供学生学习参考
美术（高中）西南位育中学	课程设计比较合理。有些美术类的示范以微课的形式比较直观，效果较好	学生对课程接受度较高，普遍认为感兴趣，作业难度尚可	大多教师能很快熟练软件的操作，教师们的使用体验愈来愈好	
美术（初中）	视频课程难度适中，讲解过程细致清楚，一节课包含的内容较多	学生接受度良好	教师的适应度较好	前 20 分钟的视频内容量较多，可以利用之后的互动帮助学生再巩固。基本采用讲授的方式帮学生提炼重点。有些重点会采用提问方式帮学生巩固，并通过这个方式看学生反馈情况
音乐（高中）上海音乐学院附属安师实验中学	课程目标清晰，逻辑严谨，内容由浅入深，非常翔实	大多数学生能接受这些教学内容。学生们会根据自己不同的兴趣爱好呈现出不同的喜好	虽然有些教师的信息技术能力还不是很强，但通过教师之间、互帮互助，每位教师都能在互动课堂中较熟练地操作，并解决问题	利用网络推荐给学生们优秀艺术学习的网络平台和公益歌曲的分享

（续表）

学科及代表学校学段	教师对空中课堂资源的评价	学生反馈	教师对网络教学的适应	对教学方式的改进（举例）
音乐（初中）田林三中、曹杨二中附属学校	内容精彩，对教师本人也有提升	学生学习效果较好	教师能比较好地适应。	根据内容进行一个知识点的拓展，用信息技术工具来实现；对内容进行改编，和学生在线直播互动
体育	线上教学的方式，不受时间和空间的限制，学生可以随时观看教学视频并且跟着视频进行学习	学生反馈良好	教师的适应度较好	教师会对即将体育中考的学生布置有针对性的锻炼任务，有条件的教师会补充拍摄视频

2. 家长对在线学习形成认知和适应

这次新冠疫情使家长对网络教学的必要性有了直观的感受。家长表现出了对在线学习较快速的适应，产生了正面的认知。

持续在家学习对学生和家长都是新鲜事物，各种准备和对软硬件的要求也一度让家长们抱怨。但"空中课堂"实施下来，总体上家长对在线学习表现出了适应和认同。根据闵行区对家长发放的 11550 份有效问卷，家长对"空中课堂"和学校开展的在线教学满意度超过 70%。11.7% 的家长认为目前"停课不停学"的形式"非常好，和在校上课差不多"，30.7% 的家长认为"比较好，能满足预期"，53.4% 的家长认为"不如在校上课，但比不上课好"。从对"空中课堂"的时间安排满意情况来看，有 40.6% 的家长表示很满意，较满意的占 38.3%；从对学校自行开展的在线课程满意情况来看，50.4% 的家长表示很满意，较满意的占 33.8%。

学生在家学习期间，很多家长因为延迟复工而在家陪伴孩子。家长主要承担了为孩子营造良好的学习环境、配合教师密切跟进孩子进度、控制孩子用眼时间的职责。这些准备工作都让家长能更深入地参与家校互动、亲子互动。

3. 学生的信息素养同步提升

线上学习需要用到很多种工具，可能会让家长头疼。但反观学生，他们对信息技术工具的适应速度比家长和教师更快。钉钉软件的评分曾一度被学生评分拉到 1.3 分，也从侧面反映了学生对信息技术的熟悉。

这次大规模在线教育也反映出，未来的教学需要充分利用学生具备的信息素养，来培养其终身学习的能力和习惯，使其成为具有社会责任感的数字公民。

在调研中，我们也发现了学生对于在线教学的感受是非常积极的。他们能够主动地组建"线上"学习小组，互助合作进行日常学习和创新探究。他们在"线上"不仅仅与教师有着密切的交流，还能积极地寻求"线上"其他资源的支持和其他专业人士的指导，为未来的泛在学习提供了很好的起点。

4. 校长的信息化领导力得到提升

这次在线教育全面提升了教师应用平台、技术开展在线教学的能力，也普遍提升了校长的信息化领导力、校级管理团队的信息化指导力。

调研显示，这次在线教学倒逼校长、教师主动思考并运用信息技术[1]，尤其是在线教学技术的使用，使得教育管理者和教师的教育观念逐步更新，特别是在信息技术融入教育教学方面。所有调研学校的校长们在新冠疫情初期，就已经做好了在线教学的方案。学校根据自身情况制订方案。从准备在线教学到常态实施，校长扮演了学校"首席技术官"（CTO）的角色，或利用已开发的平台，或选用第三方平台，制定了自己学校的新技术平台应用方案。这个过程提升了学校管理者信息技术整校驱动的方案设计、组织与实施的能力。校长不仅改变了以往被动运用信息技术的观念，还围绕学生居家学习主动构建了整套的支持体系，从学校管理、教学组织、技术支持、后勤保障等多个方面着手，为教师运用信息技术开展教育教学工作营造了应用环境，搭建了实施平台，提供了必要的技术培训。学校对学校教研组、学科组组长等中坚力量，增强了在线组织教研活动、开展远程听评课的能力。

（六）以学为主的教学模式成为教育信息化的主攻方向

1. 教师角色转变：成为促学者和资源组织者

上海全市 15 万多名教师在"空中课堂"的实施过程中，通过教学方法的云

---

[1] 来自上海市教育委员会内部报告《在线教育变革传统教研报告（摘要版）》，2020.

交流、云分享，都得到了个人教学经验和教学技能的磨炼，实现了整体教学水平和质量的提升。这对于实现教育均衡发展和教育质量的整体提升都是非常有帮助的。本次在线教学为教师提供了一次角色转变的实践机会。"空中课堂"为教师提供了统一的授课资源，但每位教师所面对的班级学生是不同的，因此教师的身份从教学内容的传授者转变为学习的辅导者、资源的组织者。在初期开展网上教学时，教师无法提前拿到课程视频，导致对 20 分钟的师生互动环节难以把控。经过视频推送机制的调整之后，教师们可以提前拿到教学视频，然后根据自己班上学生的情况，设计互动内容和互动方式。

在线教学录播课的方式也促进了教师的教学反思。教师通过查看自己上课的录像来进行更加直接的反思，从而提高自身的教学水平。华东师大一附中的新教师张盼盼表示，"通过看回放，及时反思教学，可以做好精准备课，更好地开展以学生为中心的教学"。

本次在线教学使得每位教师需要将原有的课堂教学能力进行转换。在"空中课堂"开展一个月后的调研中，教师们表现出了对在线教学的适应性。以打虎山路第一小学教育集团被调研的 112 名教师为例，教师能在课前进行材料收集（73%）、学情诊断（79%）；教师在课中能够吸引学生注意力（69%），进行师生互动（81%）、生生互动（61%）、学情诊断（65%）；教师在课后能做好学生管理（76%）、答疑辅导（79%）、作业批改（67%）。

2. 教学结构产生变革，点状创新涌现

40 分钟的课堂变成了 20 分钟的课堂，在为教师们带来挑战的同时，也使得教师们重新审视自己的课堂。20 分钟内，教学环节更加紧凑，语言更加精炼，更加关注师生交互。教师的教学方法、教学策略更加以学生为中心。

所有使用"空中课堂"教学视频的教师都在学生看视频学习后对学生进行了在线辅导。多数教师发现，学生提前看视频的效果并不理想，在直播课中和学生一起看视频，在关键地方暂停，然后讲解，效果更好。教师在访谈中反馈，目前教学中最重要的是针对不同学生的情况，分层分类设计学习目标和学习活动。微观层面，教师为弥补在线教学缺少互动的不足和学生对视频内容掌握缺乏深度的问题，制定了各种策略。例如，不少教师通过提供思维导图，布置学生画思维导图来帮助学生整理知识点，巩固"空中课堂"的教学内容。

静教院附校在接受调研时介绍了其后"茶馆式"教学的做法。每节课提倡"线上教学"和"线下教学"相结合，让学生带着问题看纸质材料，离开屏幕朗读，进行线下练习等，保护学生视力。

嘉定区教育学院在接受调研时表示，在教学方式上，教师逐渐以问题为导向，先学后教，实现真正的课堂翻转。在引导学生学习新知识前，教师通过在线前置诊断，了解学生是否具有学习新知的知识储备。在此基础上，教师提前一天安排学生预习新课，根据学生预习时遇到的重点、难点问题，制作在线网络视频或在平台上选择相应的课程资源在线推送。

3. 融合式的教学方式将成为下一步探索方向

虽然"空中课堂"是应急之举，但此次全民试验也让过去几年所讨论的翻转学习、先学后教的模式在双师课堂中进行了部分的尝试和应用。调研中，校长、教师虽然也反映"空中课堂"模式缺乏师生互动、技术保障等问题，但对在线教学所产生的积极因素也持肯定态度。如何在之后的常态教学中融入和用好积累下来的经验是非常现实的问题。调研中，不少学校也都在摸索合适的屏前、屏下学习方式。后疫情时代，如何将在线教育所取得的效果延伸拓展，形成新的教学范式，将成为下一步的重点探索方向。

三、在线教育的局限与暴露出的问题

面对新冠疫情下"停课不停学"的特殊形势，在线教育成为应急之举，也成为学校教育探索向未来形态转型的"实战练兵场"。必须承认，这场大范围全学段在线教育实验性实践，没有可以参照的范本和依赖的路径，在应急中应以乐观而审慎的态度和快速迭代的行动研究方式，边实践边总结。直面暴露出来的问题，总结实践中的经验教训，无论是对于教育行政部门研判势态，施行科学决策，采取有效举措，还是对于我国向世界贡献中国特色的面向未来的教育解决方案，都具有重要的意义。

调研组对本次大规模在线教育存在问题的整体情况判断是：应急情况下，

各主体、诸要素之间均存在一定程度的问题，有的问题在实践中已经迭代改进，有的问题尚需进一步理论探讨，有的问题需要政策举措的跟进。本次大规模在线教学，一定程度体现了对线下学习的替代性，尚未充分凸显线上学习的独特性，期待展现融合学习的超越性。

（一）在"学"上，尚未充分体现对传统学习方式的突破

1. 缺少个性学习：面上要求多，个别设计少

无论是"空中课堂"的名师直播课程，还是普通教师的在线教学，严格来说"照搬"线下教学方式的成分较大。上网课的时间和内容都由课程表决定，网课内容多为适中难度和进度的教材内容，作业的呈现方式依然是与书本知识点相关的练习题，教师和学生很少利用丰富的网络教学资源探索新的学习模式，也很少针对学生的具体情况设计个性化的学习规划，传统班级授课的"随大流"现象依然严重。

2. 缺少自主学习：外在监督多，自控管理少

学生的身心发展尚未成熟，自主学习的能力本身较低。大部分学生常年在教师的管理、同学间的竞争以及家长的监督等外在约束下进行学习，学生既缺乏自主学习的能力，又少有自主探索的机会。在线教学开展过程中，因学生缺乏自主管控导致的沉迷网络、上课时"浑水摸鱼"、以不可抗因素为由拒交作业等现象频有发生。可见，学生依然存在低自我管控的现象，这阻碍学生的学习质量的提升。

3. 缺少深度学习：碎片学习多，深度探索少

"空中课堂"或者在线教学的课程讲授部分一般为20—30分钟，相对于传统的课程安排，缩短了一部分时间，打破了传统意义上的完整课堂，导致学生学习碎片化。虽然留给学生时间对知识点进行巩固和练习，但由于隔着屏幕、缺乏监督或是网络问题等原因，学生学习的连贯性和衔接性减弱，这也不利于有意义学习的发生。同时，教师在线答疑解惑虽有利于引导学生的深度探索，但较大的班级规模难以照顾学生不同的兴趣点和探索方向，教师也很难捕捉学生的反应从而对学生做出针对性的引导。此外，目前教师布置的作业多为即时互动，长作业、项目学习等较少，学生的深度学习建立在自主学习的基础上。

虽然在线教学对时间和地点的限制少，但也正因为限制少，学生的自由度较大，易受到学习事务之外的干扰，导致深度学习的中断。

4. 缺少合作学习：个体完成多，协同作业少

在线教学最大的优势之一是能够给予学生更多的选择性，促进学生的个性化学习，但从另一个侧面反映了在线教学一定程度上不利于合作学习的开展，在线的互动多发生于师生点对点、一对一之间，没有过多的时间和条件展开生生互动与合作。特殊情况下人机交互的学习模式使学生在家中对着电子屏幕进行学习，虽然可采用线上的方式组建小组，但是与面对面交流与合作相比，学习效果和质量一定程度上会大打折扣。甚至，长期的个体学习环境也会导致学生产生孤独感，引发心理问题。

5. 缺少绿色学习：数字平台多，常规形态少

这次在线教学造成学生直面电子屏幕的时间大大增加。"空中课堂"等课程直播依赖于屏幕，教师布置的互动讨论和作业也需要及时反馈，所以学生大多的时间依赖屏幕进行学习和反馈，因而学生视力受影响的问题深受家长的关注。

（二）在"教"上，存在互动不充分与反馈不精准等问题

1. 在线教学的最大挑战来自师生交互不充分

根据上海市师培中心的报告，在调研的所有学校中，教师均表示在线教学最大的挑战来自师生交互，尤其是课堂中的交互。

教师们普遍表示，虽然教师在直播过程中，通过提问等方式加强了互动，但还是感觉课堂交互较少，无法在线及时调整授课内容，满足学生的需要。教师期望平台具备师生交互方面的增强功能，能够使教师实时采集到学生的反馈信息，综合评判，为教师开展个性化指导、因材施教提供数据支持。以静安一中心小学为例，学校采用钉钉平台授课，并以微信和晓黑板作为辅助工具。教师们发现，钉钉平台在实际教学中很难开展互动，尤其是生生互动。在调研的86个教师中，在课堂师生互动方面存在问题的占28%，在课堂生生互动方面存在问题的占63%。

2. 线上教学实施中较难精准掌握学情

无法精确分析学情是在线教学亟待解决的问题。通过调研发现，这与师

生交互不充分有关,也与教师比较依赖过去的学情分析技术,尚未掌握在线教学中的学情分析手段有关。教师们普遍难以把握学生学习状态成为在线教学亟待解决的问题。在传统课堂教学中,教师可以通过观察学生的面部表情、课堂回答等了解学生的知识掌握情况。然而在在线学习中,由于师生空间分离,教师无法及时和准确地了解学情,进而影响教学的有效实施与改进。学情分析作为了解学生知识掌握情况的基础,是实现精准化教学和"以学定教"的关键。在新冠疫情期间的在线学习中,大部分教师不能及时掌握学生的课堂理解情况,对学情的分析只能沿用传统的布置作业与批改方式,这不但增加了师生上传与批改的负担,而且无法及时且精准地反馈学生知识掌握情况。

3. 在线教学消解了习惯的师生关系定位

在线教学更强调学生的自主性,甚至完全依靠学生的自主性。一方面,这让教师的管理职能与监督功能弱化。由于以应用平台作为师生关系构建的主要途径,教师与学生并不同处于实体空间中,因此教师对学生的学习状态和行为基本上是不了解的,也就无法进行有效管理与监督,很难进行面对面的饱含情感的指导。缺乏实体教学环境,完全依靠学生自主学习,教师有一种失去管控权的恐慌。教师表示,由于缺乏面对面的教育谈心,目前对学生的消极态度等有无能为力的感觉。在实体课堂中,面对学生的消极态度,教师可以运用各种方式与方法调动学生的积极性与能动性,有效抑制学生的消极甚至破坏行为。大多数学生都能够按照教师的方法与要求,充分发挥自己的主动性,同时规范和约束自己的行为。在线教学中,主要凭借学生的自主性和能动性,教师无法有效运用既有的方式与方法,调动学生的积极性与主动性。

因此,在线教学活动消解了师生关系的构建,其中既有教师的主导作用遭到弱化,也有学生的主动作用不足,最终很容易走向"教师放任不管,学生自我放逐"的形式主义。在新冠疫情背景下,在线教学是目前最重要的甚至是最好的学习途径。要想发挥在线教学的优势,除了技术的不断开发和及时更新,更关键的还是重建正确的师生关系。

4. 在线教学遮蔽了部分教师专业自我的实现

由于"空中课堂"中推出了大量优质视频课程资源，大多数教师是在 20 分钟之后，做教学的补充拓展，通过作业等互动形式进行交互反馈。相当一段时间中处于类似"助教"的角色，会让一部分教师产生依赖感，产生惰性，成为主动的专业自我"遮蔽者"，也让一部分教师由于缺乏自主的空间，被动成为专业自我"遮蔽者"。实际上，类似在线教学这样的重大教育改革实践中，如何凸显积极真实的教师自我是非常重要的课题。当前的"空中课堂"和在线教学下，由于绝大多数教师存在着作为执行者的复杂情结、个人话语明显乏力以及自我批判意识严重不足，遮蔽了教师自我的存在性价值和意义。结合在线教学的推进，让广大中小学教师形成一种新形态的自我负责的专业生活方式，将有助于实现教师自我的意识觉醒与内在超越。有专业自我的教师，才是上海一流城市一流教育的重要支撑。

（三）指导培训和监管支持等领域有待提升

1. 对开展在线教学的指导与技术培训不足

由于在应急状态下推出在线教学模式，广大教师对在线教学的技术和理论、操作范式等都缺乏充分的知识储备和能力建设准备，造成了大多数教师对在线教学的认识不到位，实施在线教学仅停留在互联网技术和教学活动的简单叠加应用。例如，在线直播同步课堂中，教师直接将线下班级授课"网上搬家"；在线课程异步教学中，教师过于强调"刷够时间"等。这就需要教育行政部门、教师研训部门推出针对性的在线教学指导和技术培训，让广大教师正确认识在线教育的功能价值，融合互联网思维推动在线教学方式创新。相比之下，几十年前，英国就已经开展网络教学，那时候多是"线上"和"线下"互相补充的混合授课，疫情期间全面改为网络教学。英国教师已经习惯线上教学的技术和模式，所以没有遇到很大的技术障碍，学生整体反馈比较好。

2. 对在线教学的监测与及时动态调整不足

大规模在线教学在推进过程中，督导、教研等部门应该设计好针对本次在线教育实践的数据调研采集框架，利用难得的、真实的大规模在线教育实验性实践契机，采取前测、中测、后测等方式获取一手资料，进行质量监测，并及时运用这些基于证据的监测结果对在线教学的具体实施进行动态调整。

3. 在线教学创新的理论指导匮乏

目前，大部分教师未能真正理解在线教学的实质规律，缺乏在线教育理论指导，仍需加强尤其是信息化教学设计方面的理论指导。政府应该组织学术智库资源、教育科研和教学研究部门等，及时推出能够指导在线教学实践的创新理论。这样的理论应该包括在线教学的内容重塑、在线教学的结构重构、在线教学的流程再造、在线教学的评价重整和在线教学的方式创新。

4. 在线教学的技术条件保障仍需持续优化

现有支持实施"停课不停学"在线教学的条件保障基本完备，但仍需持续优化。网络接入条件是开展在线教学的基本要求，教学资源、教学平台和教学工具是开展教学活动的重要支撑，支持服务是在线教学持续健康发展的重要保障。目前，支持个性化、差异化学习的教学平台及资源还不够充足，硬件条件有待进一步优化；少见基于"AI+大数据"的智能教学平台和工具，精准、科学的、能够把教师从繁重体力劳动中解放出来的教学支持服务仍旧薄弱。

5. 在线教学的政策机制有待不断完善

上海各区教育行政部门乃至学校都已经发布相关指导文件，但学校、教研、技术支持和科研等多部门之间的联动机制仍有待完善。建立"科研引领—学校实施—教研指导—技术支持配合"的联动机制能够实现在线教学实施方案的有效落地。一方面，我们应实现问题共享，解决方案共享，帮助学校快速开展在线教学；另一方面，我们应形成联合指导小组，个性化解决不同学校、不同教师的实际问题，保障在线教学持续健康发展。

6. 在使用上，大规模社会协作尚未成熟

由于教育的社会责任和社会的教育责任已经成为全社会自觉共识，所以中小学生教学服务的渠道一贯是多元的。如2020年4月，美国教育部联手联邦相关机构如国防部、能源部、史密森尼学会等机构，提供在线教育资源。在欧洲，由于常态化的中小学生的学习资源就来自博物馆等文化机构，已经形成了大规模社会协作的生态。这次应对新冠疫情，就是资源形态从"线下"转到"线上"的问题。相对来说，我国在新冠疫情前未形成大规模协作的社会教育生态，所以在面临新冠疫情危机时，学生的学习资源就相对匮乏。在新冠疫情控制后期的教育形态变革中，教师的知识权威将被打破，教育服务来源不应当再局限于学校，提供教育服务的主体也不再仅是单一的教师。建议建设大规模协作的社会教育生态，让教育企业、高校教师、师范生、科研工作者、博物馆等都能参与中小学教育资源的开发与供给。如果大量的学习资源和教育服务来自校外大规模社会群体，那么中小学生可选择的服务面会得以扩展，获取服务的便利性也会提升。

四、未来工作开展的建议

新冠疫情期间的在线教育，开启了未来"线上""线下"融合教育的新纪元。对疫情期间的"空中课堂"在线教育的总结，我们首先要认清，哪些举措是暂时有效的；哪些是通过这次尝试，可以看到未来教育发展方向的；哪些是现在做得不够好，但可以努力改进的。这些是接下来要改革攻坚的重点。

（一）推进基于融合理论的教学与评价变革

我们过去的教育教学理论基本上都是建立在对现实的、面对面的教育活动的认识之上，进而提炼出来的。新的"线上""线下"融合教育，虽然在教育的目的和教育本质上不会改变，但教育的具体形态发生了变化。过去我们有关学生成长阶段、学习特征、学习困难、课程形态、教学模式等的认识，都需要有新的研究来支撑，形成新的认识和理论，从而为我们培养未来的学生、未来的教师、建设未来的学校做好准备。

首先，全面发展的教育目的，如何通过融合教育加以贯彻？"线上"教育在发展的初期，很有可能甚至会加强过去传统教育中对知识的片面重视。从目前的线上教育实践来看，因为互动途径和技术水平的限制，在线教学的前景热点更多被局限在"信息传递"功能上，有关知识学习的线上功能肯定会首先被开发出来，如学科知识图谱、有关知识点的专题视频等。因此，如何弥补道德的社会塑形力量缺失，如何配备体育锻炼的空间和时间并且减少网络学习带来的视力下降、体重上升等一系列健康问题，如何保证学生能够在网络中锻炼鉴赏美和创造美的能力，如何在虚拟的空间中继续培养学生的劳动意识和劳动素养，都是需要攻克的难题。

其次，未来融合教育的教学过程将会以怎样的形态和模式展开？我们虽然已经初步认识到，在线教育将有可能极大地将师生之间的简单学习互动关系，扩展为以学生的自主学习为主，由智能化技术提供个性化的学习路径，由一个巨大的、无边界的主体和资源网络进行支撑的形态，但这种学习形态尚未以一种我们目前能够清晰理解的方式展现在大众面前。相反，许多限制学生自主学习的现象更为"刺眼"，如大量学生缺乏自律性，不能自主地按照计划开展学习；学生注意力不集中，直播过程中容易开小差；教师无法像线下那样细致地观察学生的课堂表现，只能根据作业来判断学生的学习状态和效果，从而限制了其因材施教的机会，等等。哪些问题是真正的问题，哪些问题会随着融合教学的开展而变得不那么重要，需要更深入的探讨。

在此基础上，上海未来需要构建更加互动、开放、灵活的学习形态和学习社群。特别是需要推动教育评价机制改革，改进结果评价，强化过程评价，探索增值评价，健全综合评价。高利害的评价不能轻易地在人群中进行试验，因此需要研究者进行理论的系统设计和严密论证，才能保证未来教育教学改革的顺利开展。

（二）建构以学习者为中心的未来教育生态

目前大多在线教育产品的核心价值是提供在线交流的平台。这意味着师生更多只是"换了个地方"，从"线下"到"线上"开展教育教学。人们对于未来教育的许多愿景并没有得到很好地落实，其中重要原因之一是，一些关键技术仍然面临着瓶颈难题。要突破这些瓶颈，首先必须明确好的教育信息技术应该满足哪些要求。

关键的教育信息技术应能在真实的在线教育场景中得到应用。过去数十年间，教育信息化推广主要是"以技术为中心"的思路，导致信息化培训以技术本身为主题进行组织。这里的假设可能是：如果只讲技术，就会更加简单；如果将技术和具体的教育问题结合起来，就会变得很复杂。这在很大程度上说明，我们过去所推广的是"技术"，而非"教育技术"。真正的关键技术，应当是一套教育问题的技术化解决方案，而非一种简单的工具。

关键的教育信息技术应能智能化地支持教学和学习过程。虽然人工智能在教育领域的使用一直被看好，但在主流的学校教育中，真正有突破性质、足够"智能"、足够改变传统教学面貌的产品还很鲜见。人工智能的优势是，能解放教师和学生的低效劳动，聚焦工作和学习中最重要的内容。目前围绕这样的理念，诸如"教育大脑""自适应学习"等概念已经有很多讨论和探索，但技术并不成熟，可接受程度和推广度较低。

融合教育关键技术的突破，应该以更好地支持，而非增加教师的劳动为目标。应该解放，而非限制学生的学习。在产品开发过程中，懂技术的不懂教育，懂教育的不懂技术的情况仍然普遍存在，如何实现产学研的充分合作，实现产业形态的真正转换，是接下来需要重点考虑的问题。为此，应优先发展综合性在线教育平台。从对这次多渠道、多终端分发"空中课堂"资源过程中的各平台流量统计来看，晓黑板这样的综合直播、互动、作业提交等多种功能的学习平台，得到了更多学校的选择。支持此类平台的发展，可以更好地引导学校在融合教育时代的规范办学，减少师生因为切换平台而带来的工作与学习负担。

（三）托底与支持创新需均衡发展、齐头并进

这次新冠疫情期间上海的"空中课堂"教学，是一次大规模社会协作的典范。迅速应对、严把质量关，不但解决了广大学生"有课上"的需求，而且形成了一批真正能经受住各方检验的线上好课。同时，这也促使中小学和教育行政部门反思，为什么在过去十年，许多已有的慕课等资源无法在当时被用以解决在线教育的需求。

指向托底的在线教育，面向普遍的学生群体，其实需要实现更精细的设计和更严格的标准把控。这不同于已经摸索了和实践检验了多年的线下教育，而是要求调动更多的人力、财力和物力来实现优质课程的建设。此次上海"空中课堂"的教学视频，更多地受到以往的薄弱学校师生的欢迎，说明其对于提升上海中小学的整体教学水平，起到了不可忽视的示范和引领作用。需要坚持这一共建、共治、共享的模式，实现优质教育的普惠功能，这能在很大程度上避免因在线教育领域商业化而导致的学习机会分配不均以及学习资源供给

良莠不齐等问题。

同时，对于"优质资源"的理解需要在下一步得到深化。目前的"线上"教学资源主要是以学科为主线进行建设的，满足了学生的基础性学习需求。但未来创新人才的培养势必要求打破学科的界限、知识的局限，支持更多任务化、项目化、跨学科的学习功能。目前的"空中课堂"对于上海三类课程中的拓展型、研究型课程，给予的支持还是不够的。这些课程往往没有对应的知识点，而是以兴趣和问题为导向，学生需要进行或自主或合作的体验和探索。

因此，在课程资源配置方面，需要能够通过"互联网+"，将现有的学校资源和学校师资，联结到更加广泛的学习资源和支持性人才库之中，以学校为中心，以学校现有的项目类、活动类课程为重点，与其他机构、场馆、人才库互通互联，建设制度化、开放型的支持性资源网络。

（四）重构师范生与在职教师的信息化素养

当前教育信息化素养培训暂时止步于让教师"会用"信息化工具的阶段，这无疑只是将信息化定位于"工具"的角色。但在未来要用信息化引领教育变革，教育者必须要有主动思考未来融合教育新生态，用信息化来实现更美好的教育理想的理念和能力。

首先，师范教育需变革。必须积极地让师范教育提前调适，在师范生课程中进行变革，使其做好未来融合教育的心理和素养准备，成为未来教育变革的主力。

其次，开展新一轮在职教师、校长的信息化素养提升。信息化建设为已经工作的教师和校长带来的往往是暂时的适应性负担和长期的更合理的教学样态的塑造。市、区、学校应当做好统筹和教师减负工作，为教师、校长提供足够的信息化素养培养课程。

再次，布局未来的在线教育者的培养工作。未来，针对学校之外的教育需要制定一定的标准和机制，来规范他们的行为，提升他们的素养，为实现真正全社会的高质量、公平的教育建设好大环境。

（五）形成数据驱动的智能化教育决策机制

这次围绕"空中课堂"开展的在线教育，政府在保障网络安全、数据安全等方面做了大量的工作，积累了行之有效的工作经验，在统筹各个机构主体在数据共享、分析等方面的工作时，也进一步建立了良好的合作关系，形成了必要的共识。同时，此次调研发现，各个平台在数据管理、使用和公开等方面存在混乱现象。大数据是在线教育开展之后不断积累和增值的宝贵财富，是未来人工智能得以推广的基础，也是政府有效决策的前提，应当刻不容缓地进行有关教育数据的统筹工作。

建议出台教育数据管理标准，对各平台、各部门、各层级、各主体的数据进行统一的管理。由政府主导，提供统一的接口和数据需求，要求按照标准的时间、程序、格式、结构等进行常规的数据加密、接入、上传、备份等，既保证数据的安全，也保证数据得到有效的利用。

建议成立各层级的、专门支持数据驱动的决策智力机构。在市、区、校需要作出相应决策时，机构可以有权限及时调动相关数据，为决策者作出判断提供专业的数据支持，同时也承担考核学校等机构的工作绩效和在线教育的运营规范性的工作。

打造系统的韧性是这次新冠疫情给上海带来的深刻经验。必须尽快建设"线上""线下"自由切换的"双系统"，才能保证在危机到来时，高质量的教育能够持续地开展下去。同时，要考虑到线上教育带来的一系列后果，如学校认同感的削弱等，需要重塑学校的认同机制，保障集体生活的社会化教育准备功能。

坚持以人为本的教育治理理念，是未来教育优质发展的底线所在。未来的教育变革，无论技术的革新多么诱人，我们都必须把受教育者和教育者的切身利益放在第一位，切实减轻学生的学习负担和教师的教学负担；保障弱势群体在变革中的权益，让"线上""线下"融合的教育真正成为融合所有人的公平的教育体系。

必须认识到，教育并非一个封闭的体系，只有将内外部的数据打通，对教育系统的状态与社会其他系统的状态进行动态调整，才能使得教育更好地服务上海5个中心的建设、更加长远的城市建设规划，更好地应对各种突发的事件，使得教育的安全和整个城市、整个国家的安全联系起来，实现精准的教育治理。

下篇

全球学校教育现状①

---

① 本篇作者为安德烈亚斯·施莱歇尔，李永智译，梁力萌、卜洪晓协助校稿。

致 谢

Acknowledgements

在全球新冠疫情大流行的背景下，特此衷心感谢所有为此报告提供帮助和做出贡献的人。

OECD 与联合国教科文组织、联合国教科文组织统计研究所、联合国儿童基金会以及世界银行共同开展了关于新冠疫情流行期间学校停课的联合调查，最终由 OECD 进行数据收集及相关分析处理，数据收集时间为 2021 年 1 月至 2 月。

OECD 教育系统国际指标体系（INES）工作组及其下属 NESLI 和 LSO 组织为此做了很多工作，包括数据收集以及对教育结构和政府政策行为在系统层面做出定性判断。这些工作不仅为调研问卷的设计提供了意见指导，同时也在各国调查开展的过程中起到了协调作用，并在数据采集阶段承担了评价功能。在此，我们对他们的贡献表示诚挚感谢。

本报告由 OECD 教育和教育理事会主任、教育与技能司特别顾问兼司长安德烈亚斯·施莱歇尔（Andreas Schleicher）负责编写，由埃里克·沙博尼耶（Éric Charbonnier）负责协调，是教育与技能司多个团队合作的成果。在此感谢团队成员弗朗西斯科·阿维萨蒂（Francesco Avvisati）、卢卡·博伊斯肯斯（Luka Boeskens）、安东尼奥·卡瓦略（Antonio Carvalho）、玛农·卡斯特诺（Manon Costinot）、玛丽-海琳·杜梅特（Marie-Helene Doumet）、戴安娜·托莱多·菲格罗亚（Diana Toledo Figueroa）、皮埃尔·古埃达尔（Pierre Gouedard）、科琳·赫克曼（Corinne Heckmann）、理查德·李（Richard Li）、安德烈亚·明查匹克（Andreea

Minca-Pic）、黛博拉·纽斯彻（Deborah Nusche）、比阿特丽斯·庞特
（Beatriz Pont）、丹尼尔 桑切斯·塞拉（Daniel Sanchez Serra）和罗马
尼·维耶纳（Romane Viennet）。同时也感谢卡珊德拉·戴维斯（Cassandra
Davis）、苏菲·利摩日（Sophie Limoges）和蕾切尔·林登（Rachel Linden）
在编辑制作过程中提供的宝贵支持。

特别调查结果概述

学龄儿童作为新冠病毒的易感人群，也是受到应对此次疫情政策影响最大的群体。2020 年，188 个国家的 15 亿学生被挡在了校门外。他们中的一些人在父母和老师的大力支持下，通过其他学习方式在停课期间继续学习。然而，许多人在停课之后学业停滞，尤其是那些来自最边缘群体的人，他们无法获得数字学习资源，也缺乏自学的动力。学校停课所带来的学习损失可能会在很长时间内给个人和国家的经济发展蒙上阴影。

这场危机暴露了我们学校系统中的许多不足和不公平之处——从在线教育所需的宽带和计算机，到专注学习所需的支持环境，再到各地方的主动性、资源和需求的匹配性。这些不平等在当前危机中的扩大，也意味着一切恢复"正常"时，我们将有所改变。我们对危机做出何种群体性和系统性的反应处理，将决定其对我们造成何种影响。

面对这次前所未有的危机，我们很难从过往经历中汲取经验教训。不过，对比研究各个国家的教育体系是如何应对这类挑战的，将对我们有很大的启发。为此，OECD 收集了教育系统内可进行统计比较的数据，跟踪其随疫情变化的发展情况，对比探究了下列主题：丧失的学习机会和弥补这些机会的应急战略、为教师提供学习和工作条件、行政管理和财务管理等问题。

2020 年 3 月，在新冠疫情侵袭了 OECD 成员国地区之后，OECD 联合哈佛大学进行了第一次数据收集。这一特别调查由 OECD、联合国教科文组织、儿童基金会和世界银行共同设计，由 OECD 和联合国教科文组织共同向各自的成员组织及成员国发出，反映了截至 2021 年 2 月 1 日的情况。这些数据均由当地政府提供。

特别调查的结果表明，一些国家即使在艰难的新冠疫情大流行的背景下也能够保持学校的开放和安全。由于保持社交距离和卫生健康习惯条例是预防新冠病毒传播的最广泛采用的措施，学校的开放受到了严重限制，合理分配有限的教育机会也成了难题。在有可比数据的 30 个国家的教育系统中，19 个国家实施了优先为教师接种疫苗的全国性措施，也使教师的疫苗优先接种成为国家战略的一部分。然而，由于初期疫苗供应有限，加之公共卫生领域内各种目标需求相互竞争冲突，疫苗接种的优先次序很难平衡。

值得一提的是，新冠病毒感染率似乎与学校停课天数无关。无论是出于教育目标、卫生基础设施还是其他公共政策目标，感染率相似的国家在决定是否关闭学校时做出了不同的政策选择。

然而，令人担忧的是，教育表现越差的国家在 2020 年完全关闭学校的时间越长。事实上，各国 15 岁的学生在 2018 年国际学生评估项目（PISA）阅读测试中的表现，解释了 2020 年 54% 的学校完全关闭高中天数上的差异。也就是说，2018 年学习效果较差的国家，在 2020 年缺失了更多的在校学习机会。这不仅仅是因为在更有利的经济条件下教育运行得更好，即使考虑了人均 GDP，这一关系仍然可以解释 31% 的学校关闭天数上的差异。这意味着，此次危机不仅扩大了国家内部的教育不平等现象，而且还可能扩大了国家之间的差距。

特别调查显示，在需要关闭学校的地方，许多国家做出了重大努力，以减轻其对学习者、家庭和教育工作者的影响，同时往往给予那些最边缘的群体特别的关注。在学校受到社交距离限制影响较大的国家，大多优先考虑弱势群体儿童和学生的在校学习。这反映出学习的社会环境对这些群体而言是最重要的，但多媒体数字学习替代方案对他们的效果最差。在有可比数据的国家中，86% 的国家在小学阶段提供了缩小学习差距的补救措施，75% 的国家在初中教育阶段提供了补救措施，73% 的国家在高中教育阶段提供了补救措施。超过

60% 的国家采取了针对弱势群体学生的专项措施，约 40% 的国家对移民、难民、少数民族或土著群体采取了针对性措施。

即使是在学校关闭时，许多国家做出了巨大努力以确保给学生和家长提供可靠的服务，包括与所有学生建立定期和专门的联系。许多国家建立了新的渠道，以促进学生、家庭、教师和学校或当地政府之间的交流。各国还采取了一系列方法来确保远程教育的高覆盖率，包括灵活的、自定步调的数字平台以及与移动通信运营商和互联网公司达成的协议，这些尤其确保了小学阶段学生能够获得远程教育资源。

学校所在地的承载能力是学校安全开学的关键。其成功通常取决于他们是否拥有透明、沟通良好且可操作的标准，并同时在一线灵活地运用这些标准。开学往往取决于当地政府何时采取保持社交距离、卫生、检疫或关闭班级或学校的措施。

由于教学时间减少，必须优先安排课程内容，以避免教师和学生负担过重。有时，阅读或数学等核心科目会得到更多的重视。在校内学习方面，相较于学习资料上的重复练习，各国往往会优先考虑新内容的教学、远程学习材料的准备和预习，以及有效的学习策略和社会学习的动机和发展。

在学校停课期间，多媒体数字资源成为教育的生命线，疫情迫使教师和学生迅速适应在线教学。几乎所有国家都迅速增加了学生和教师的数字化学习机会，并鼓励新的教师合作形式。特别调查的结果表明了各国的共同选择，即广泛应用网络平台于各级教育，尤其是在中学教育阶段。移动电话模式在中学阶段较普遍；无线电广播模式则在中学高年级阶段较普遍；而在小学阶段，家庭学习包、电视和其他远程学习解决方案则更为普遍。

多媒体数字技术远远不止是新冠疫情暴发期间的权宜之计，它使得人们在学习内容、学习方式、学习地点和学习时间方面找到了全新的答案。同时，它也可以将教师角色从传授知识者提升到作为知识的共同创造者、教练员、导师和评价者。今天，多媒体数字学习系统已不仅是在教授学生，同时也在观察学生如何学习，识别他们感兴趣的任务和主题以及觉得无聊或困难的问题。这比任何传统课堂都能更精确地适应每个人的学习方式。同样，虚拟实验室给学生提供了在实验中设计、操作和学习的机会，而非单纯地了解事实。OECD 已就其 COVID-19 中心制定了许多数字应急战略（ http://www.oecd.org/coronavirus/en/ ）。

然而，危机已经让许多国家的教育体系陷入困境，特别调查描述了多媒体教学学习资源在获取、质量、公平和使用方面受到的重大限制。吸取疫情期间的教训将成为各国提升教育体系复原能力的关键。在后疫情时代，继续关注远程教育方案如何满足不同学生的需要并扩大其获得高质量学习的机会，将更加重要。特别调查报告了一些国家的教育体系如何利用家庭调查、学生评价和教师评价进行这类研究，尽管如此，我们仍有许多工作要做。这场危机表明，各国完全可以更好地开展合作，共同利用开放的在线教育资源和多媒体数字学习平台，同时鼓励科技公司一起加入其中。

此外，各国需要利用这一势头重新配置学习环境，引导学习者为他们的未来而学。所以重要的是在目前努力的基础上，建立面向未来的在线和远程学习的基础设施，并继续增强学生和教师运用这种方式学习和教学的能力。在新冠疫情期间，有效的校外学习对学生的自主性、独立学习能力、执行能力和自我监测能力提出了更高的要求。返校计划需要在这些基本能力方面对所有学生加强培养。这是至关重要的，因为在疫苗广泛接种前，若疫情在未来再次暴发，至少在局部地区，复课返校过程很可能再次中断。然而在后疫情时代，各种远程教育方式将学习时间和学习机会扩大至校园外，对学生而言是有益的。

这次疫情也使国家考试和评估的管理复杂化。各国在不同程度上改变了考试和评估的时间、内容和模式。各国偏离其评估和考试计划的程度不同，既与疫情背景有关，也与这些考试在各自国家中的重要性有关。而那些在疫情前就已利用多种评估模式的国家发现，他们更容易用其他方式替代考试来评估学生的学习情况。

尤其值得一提的是，向远程教学模式的过渡以及随后的学校复课对教师的工作产生了深远的影响。这场危机要求许多教师学习新技能并准备适合"线上"虚拟学习环境的教学材料。在某些情况下，这给他们增加了新的责任，如为学生提供支持和资源的协调，增加与家长的互动，组织补习班或在学校实施新的管理、健康和安全行政策略。某些情况下，教师的缺席进一步限制了学校缩小课堂规模和实施混合教学模式的能力。特别调查表明，这些对教师及相关教育工作者的新要求，已经促使一些国家改变了其人员配备和招聘的方式。

对许多不熟悉在线学习模式的教师而言，向"线上""线下"相结合的教师专业培训模式的过渡是具有挑战性的。新冠疫情之前，在 OECD 成员国中，教师的"线上"专业发展培训是有限的。与其他职业相比，教师更难通过跟上新产品和服务潮流来进行学习。特别调查显示，各国为教师在疫情期间进行在线专业学习提供支持，如为教师提供信息技术的培训和与信息技术相关的专业学习，以培养教师数字化教学的能力。

当然，所有这些都需要资金支持。在 2019—2020 学年，大多数国家能够调动额外资源为他们在疫情期间的教育做出调整，而且据各国预算提示，许多国家能够在 2020—2021 学年筹集到额外的资金。然而，这对长期经济发展的挑战是巨大的。现在正是时候，让各国汲取此次疫情的经验教训，重新配置人员、空间、时间和技术，以设计更高效的教育环境。

从某种意义上说，这场危机展现了许多国家教育系统中的巨大创新潜力。这些教育系统往往仍然被旨在奖励合规行为的等级结构所主导。为学校的创新创造更公平的竞争环境是很重要的。政府可以帮助加强专业领域的自主权、培育协作氛围，使优秀的想法得以提炼和分享；还可以提供资金帮助和激励措施，提高对工作的认识和需求。然而，政府本身能做的也只有这么多了。"硅谷"之所以成功，是因为政府为创新创造了条件，而非政府做了创新。同样，政府也无法直接在课堂上进行创新，但可以通过开放系统来帮助人们建立以证据为基础的、有利于创新的环境，使创新的思想得以开花结果。这意味着不仅要鼓励体制从内部进行创新，还要让其对外部的创新思想保持开放。

　　为了对创新、应变能力和改革进行支持，特别是在新冠疫情造成的不确定条件下，各国需要更好地传达诉求并支持改革。对能力发展和变革管理技能的投资是重要的，学校教育也同样如此。新冠疫情持续一年后，教师必须成为改革的积极推动者，不仅在实施技术和社会创新方面，在设计方面也如此。这也意味着国家的教育系统需要更好地发现改革的关键因素并予以支持，同时探索出更有效的扩展和传播创新的方法。至关重要的是，当一切恢复"正常"时，在新冠疫情期间汲取的许多优秀经验将会为教育的进一步发展提供灵感。这也意味着我们迫切需要找到更好的方式来认可、褒奖和庆祝成功，尽一切可能为创新者降低风险，鼓励新思路的出现。

OECD 教育与技能司司长、秘书处特别教育政策顾问

安德烈亚斯·施莱歇尔

第十二章　学习机会的损失

新冠疫情期间，公众的注意力自然大多集中在健康和就业方面的短期影响和挑战上，然而，学校关闭所导致的学习机会损失可能给个人和国家在经济民生方面长期蒙上阴影。技能水平较低的人群生产力水平也较低，其参与经济和社会活动的能力也较低，更有可能接受社会转移。与新冠疫情对经济造成的直接影响不同，其对教育产生的影响可能是永久性的。简而言之，今天的教育就是明天的经济。当然，各国都为支持学生在学校关闭期间的学习做出了许多努力，但正如下文将要提到的，各国在提供其他学习机会及保证学习质量方面存在一系列问题。有些人还持这样的观点，随着学校的复学，学生将很快赶上来。然而，即使在学校正常运作的情况下，这种现象也不太可能发生。OECD 国际学生评估项目（PISA）的评估结果显示，过去 20 年间，在无疫情时代，尽管教育政策持续改革，教育支出也在增加，OECD 成员国的学生学习成果却并未得到真正的全面改善。

一、持续的停课

疫情暴发一年后，在有可比数据的 33 个国家中，全面开放的中小学数量连40% 都不到。在这里，"全面开放"指学校至少对绝大多数学生开放。

国家需要在"校内学习"的时间限制方面做出艰难选择。"校内学习"对低龄儿童的早期教育尤为重要。在此阶段，教育工作者与学习者的直接接触格外关键，与之对应的数字化替代方案则收效甚微。对于来自贫困家庭的孩子来说，"校内学习"机会也至关重要，因为除此之外，他们几乎没有其他选择。

这种学段间的差异在特别调查的数据中得到充分体现。如图 12-1 所示，截至2021 年 2 月，越是高年级教育，学校越是采取关闭措施或仅允许小批量学生返校。

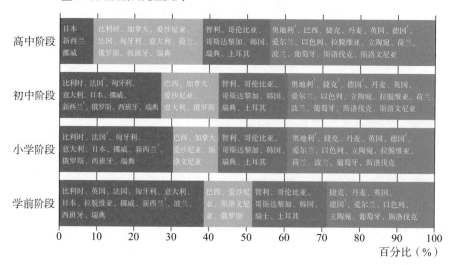

图 12-1　截至 2021 年 2 月 1 日，OECD 各国学校关闭情况（按学段）

1. 在这些国家的某些地区，按照校历的正常放假安排，学校从 2 月 1 日起关闭。

资料来源：OECD/ 联合国教科文组织 / 联合国儿童基金会 / 世界银行关于新冠疫情的特别调查，2021 年 3 月。

在有可比数据的 33 个国家中，30% 的国家在小学阶段保持全面开放，24% 的国家在初中阶段保持全面开放，9% 的国家（日本、挪威和新西兰）在高中阶段保持全面开放。智利、哥伦比亚、哥斯达黎加、韩国、瑞士、土耳其 6 国，仅在计划假期时段暂时停课；而奥地利、法国、德国和新西兰 4 国，仅对国内部分地区学校按计划假期进行停课。

在学前教育阶段，情况有所不同，截至 2021 年 2 月，40% 的国家的教育机构全面开放。在新冠疫情大流行的背景下，保持学前教育机构的开放主要从以下几方面考虑：第一，为低龄儿童教育提供的替代方案和远程模式极少，在学前阶段建立公平、牢固的教育基础尤为重要。第二，学前教育往往是幼儿的父母工作就业的先决条件，特别是在其无法选择远程办公的情况下。第三，一些研究显示，新冠病毒在幼儿中的传播较不突出。

二、课堂教学机会的损失

2020 年，在有可比数据的大多数 OECD 国家中，课堂教学时间遭受了很大程度的损失。在 2020 年初，为了控制新冠病毒的传播，许多国家选择了关闭学校。

截至 2020 年 3 月 16 日，在有可比数据的 33 个国家中，近一半的国家至少对部分中小学实施了"完全关闭"的政策，即对所有学生关闭（或只对关键工种人群子女或有特殊教育需要的儿童开放）。截至月底，所有国家至少对部分学校实施关闭政策：其中，23 个国家在全国范围内对学校实施关闭政策，剩余 10 个国家（巴西、加拿大、哥伦比亚、丹麦、爱沙尼亚、德国、意大利、新西兰、波兰和斯洛伐克）只对国内部分地区学校实施关闭政策。这主要是由于新冠疫情在各地区严重程度不同所致。这种国内区域间的政策差异在某些国家可能是显著的，例如，普通高中的关闭时间在哥伦比亚国内不同地区为 95 天至 152 天不等，德国为 15 天至 30 天不等，意大利为 58 天至 101 天不等，新西兰为 24 天至 37 天不等，俄罗斯为 40 天至 75 天不等。停课时间的差异取决于学生所处地区的新冠疫情情况。

出于抗击疫情优先的考虑，各国的决策者在新冠疫情发生后的几个月里都做出了非常相似的决定。接受调查的大多数国家，均选择关闭全部或大部分国内学校。而在那些没有国内地区差异的国家中，小学阶段有 14 个国家在 2020 年学校只关闭了一次，有 11 个国家学校关闭了多次。其中，瑞典是个例外，国内没有一所小学实行关闭政策。

结合上文讨论的原因，学校关闭的持续时间（不包括学校假期、公众假期和周末）随学生年级升高而增加，如图 12-2 所示。

将有可比数据的 30 个国家的数据统计平均后，从各学段来看：2020 年，学前教育平均停课 42 天，小学平均停课 54 天，初中平均停课 63 天，高中平均停课 67 天。然而，这些停课数据并不能充分体现国与国之间以及单个国家

小学及高中阶段（普通高中）

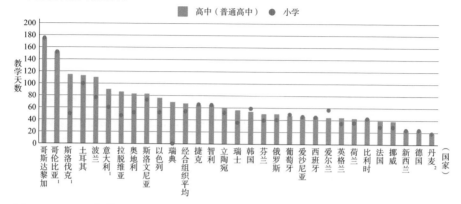

图 12-2　2020 年学校完全关闭的国家的教学时间（除去学校假期、公众假日和双休日）

1. 该国统计的是最常见的教学天数。
2. 该国统计的是最低教学天数。

资料来源：OECD/ 联合国教科文组织 / 联合国儿童基金会 / 世界银行关于新冠疫情的特别调查，2021 年 3 月。

内部各学段之间的巨大差异。例如，在瑞典，所有小学和大多数初中在 2020 年仍在全年开放，而高中则在 3 月中旬就开始以远程教育模式为主。

　　全球范围来看，奥地利、以色列、拉脱维亚、波兰、斯洛伐克和瑞士 6 国的高中停课时间至少比小学多 20 天，与之相反的是，爱尔兰、韩国和捷克 3 国关闭小学的时间则比高中长。丹麦、法国、德国、新西兰和挪威 5 国的高中停课时间不超过 40 天，而哥伦比亚、哥斯达黎加、波兰、斯洛伐克和土耳其 5 国的高中停课时间则超过 100 天。在哥伦比亚，国内大部分地区的学校在 2020 年 3 月至 12 月处于完全关闭状态，导致在此期间总计损失了 152 天的教学时间。

　　由于社会经济条件越差的学生在弥补校内教育损失方面方法越少，学校停课不仅加剧了各国内部教育资源与学习机会的不平等，也加剧了 OECD 成员国之间的教育不平等。

　　如图 12-3 所示，教育表现最差的国家在 2020 年全面关闭学校的时间往往最长。事实上，各国 15 岁学生在 2018 年 PISA 阅读测试中的表现区别，也解释了 2020 年 54% 的学校在全面关闭高中天数上的差异。即 2018 年教育表现越差的国家，越倾向于在 2020 年损失更多的校内学习时间。这种现象不仅能

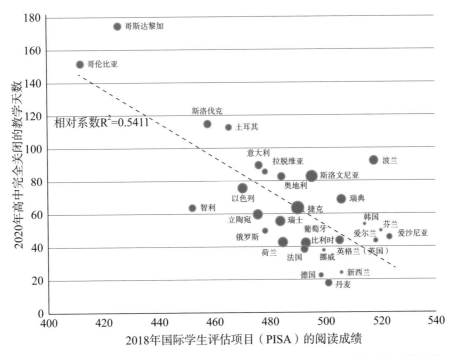

图 12-3 2018 年国际学生评估项目（PISA）的阅读成绩与 2020 年高中完全关闭的
教学天数之间的相关分析

注：气泡的大小代表从疫情大流行开始至 2020 年 12 月 31 日，每百万居民中新冠肺炎病例的数量。
气泡越大，表示 2020 年新冠肺炎病例数越多。

资料来源：OECD/ 联合国教科文组织 / 联合国儿童基金会 / 世界银行关于新冠疫情的特别调查，
2021 年 3 月。每百万新冠肺炎病例数来自《以数据看世界》[Roser 等人，2020（1）]

解释在经济条件越有利的情况下教育系统运行得越好这一因果关系，即使我们
从人均 GDP 计算的角度出发，这一关系仍然可以解释 31% 的学校关闭天数的
差异。

　　进一步来看，新冠肺炎病毒的传播强度似乎与学校停课时间无关。如图
12-3 所示，气泡的大小表示了截至 2020 年底，每百万居民中新冠肺炎的确诊
病例数，而这与 2020 年该国学校停课的总天数并不存在相关性。例如，新冠肺
炎感染率和 PISA 成绩都相近的国家（如波兰、瑞典和英国，或法国和奥地利）
在学校停课方面做出的决策并不相同，而这些决策可能是从各国教育目标、医
疗基础设施或其他卫生健康相关目的的角度出发的。

三、校历和课程的调整

学校停课和保持社交距离的防疫政策减少了校内教学时间，也迫使各国在课程设置和校历方面做出艰难调整。比如，各国必须在课程的广度和深度间做出抉择；面对有限的校内教学机会，是选择教授新内容还是对远程教学内容做准备和复习；等等。

在有可比数据的 33 个国家中，于 2020 年对小学校历和课程做出调整的国家仅刚过半（55%），而计划进行此类调整的国家比例在 2021 年则上升至 66%，如图 12-4 所示。

在小学课程调整方面，只有 6 个国家（智利、爱尔兰、以色列、俄罗斯、斯洛伐克和土耳其）明确赋予某些学科相较于其他学科更高的优先级——大多数情况下，他们赋予数学和阅读课更高的优先级。体育和自然科学课则是其他一

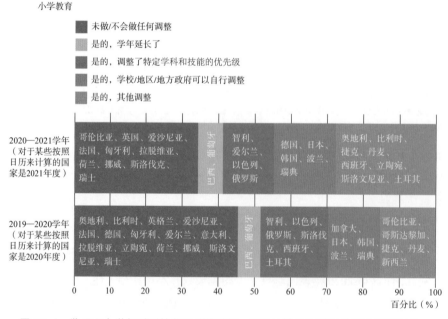

图 12-4　鉴于两个学年受到的新冠疫情影响，学校的校历和课程是否进行了调整？是否将进行调整？

资料来源：OECD/ 联合国教科文组织 / 联合国儿童基金会 / 世界银行关于新冠疫情的特别调查，2021 年 3 月。

些国家列为优先的学科。其中，巴西和葡萄牙是仅有的两个为应对新冠疫情而延长学年的国家。

拉脱维亚、荷兰、西班牙和瑞典4国计划在2020—2021学年后修订全国范围的关于在校教学时长和课程内容的条例。荷兰则颁布了一项为帮助学校应对新冠疫情所致教学损失的财政资助法案。瑞典制定的针对新冠肺炎特别条例则允许学校对教学周期做出调整，即可以对教学天数和教学时长做出相应调整。西班牙于2020年9月29日通过的皇家法令，允许在非大学教育领域采取应对新冠疫情的紧急措施。拉脱维亚政府为了确保法定教学时间是被用来学习的，于2021年3月11日出台规定：自2021—2022学年起，若在学年期间由于不可预见因素导致学校停课一周以上，当地政府及教育主管部门有权决定延长学年。

四、学习缺失的后果

如果说新冠疫情带来什么不同的话，那就是学校停课期间，公众逐渐广泛认识到，学生从与教师和同学们的密切接触中能获得许多裨益，同时学生也可以获得学校提供的各种服务。公众对学校和教师的重视有助于社区和家长进一步参与学生的学习并支持学校和教师。这一点至关重要，因为新冠疫情带来的公共卫生和经济政策调整可能会导致更严重的财政紧缩。

尽管很难预测学校停课会对学生未来发展产生何种影响，但据经济学家估计，对1—12年级学生来说，每损失3个月有效学习时间就会降低他们一生收入的3%（Hanushek和Woessmann，2020[2]）。经济学家还对各国每停课3个月造成的长期经济损失做出了估算，损失金额从南非的5 040亿美元到美国的14.2万亿美元不等。最令人担忧的是，教学时间损失对学生造成的影响并不相同，进一步加剧了学习机会的不平等，而早在新冠疫情之前，教育资源和学习机会不平等现象就已经是各国的教育系统面临的最严峻挑战。

定义解释

●学校完全关闭：指政府授权或/和建议关闭教育机构（如关闭学校实体建筑），影响到在某一学段的所有或大部分学生。在许多国家，尽管在国家层面规定关闭学校，但学校仍向弱势学生群体或/和关键工种人员子女开放。

●学校全面开放：指对大多数学校来说，完全是面对面上课（如开放实体建筑物），每所学校的安全和卫生措施各不相同，视国家、地区情况的差异以及年龄学段的不同而定。

●学校部分开放：指政府强制/建议：（1）在某些地区部分重新开放学校；（2）按年级或学龄分阶段（重新）开放；（3）采用在校学习和远程教育相结合的混合模式。同时也包括那些对其他行政区块或单位（如自治地区、自治市、独立个体学校）正在用各种方式启动复学的国家。

第十三章 学校关闭期间的远程教育

在学校停课期间,多媒体数字资源成为教育的生命线,新冠疫情要求教师和学生必须快速学会在线教学和学习。多媒体数字技术不仅是应对疫情暴发期间的权宜之计,还使得人们在学习内容、学习方式、学习地点和学习时间方面找到了全新的答案。同时,它也可以将教师角色从知识传授者提升到知识的共同创造者、教练员、导师和评价者。今天,多媒体数字学习系统已不仅教授学生知识,同时也观察学生如何学习,识别他们感兴趣的任务和主题,以及觉得无聊或困难的问题。这比任何传统课堂都能更精确地去适应每个人的学习方式。同样,虚拟实验室给学生提供了在实验中设计、操作和学习的机会,而非单纯地了解事实。

然而,这场危机让许多国家的教育体系陷入了困境。PISA 2018 的评估显示,在学校的技术工具提供和相应的教师使用技术工具的效率和能力方面,国家间和国家内部存在巨大差异(OECD, 2020[3])。因此,许多国家在确保远程学习的连贯性上面临挑战。随着各国抗击疫情的进行,各国政府需要评估在提供远程教育方面取得的进展和存在的差距。这将不仅有助于各国在教育被中断的背景下做出更明智的反应,而且有助于形成更丰富、更灵活的教育方式,以满足不同学生的中长期需求(OECD, 2020[4])。

一、有准备的国家

从基础配置上来看,2018 年,在 OECD 国家中,15 岁学生群体中平均有 9% 的家庭甚至无法提供一个安静的学习场所(OECD, 2020[3])。这类学生往往来自边缘化群体。即使在 PISA 中表现名列前茅的韩国,其最弱势的学校中,也有 1/5 的学生家庭无法提供学习场所。相似的情况同样发生在计算机持有率方面。例如，在美国的 15 岁学生群体中，来自优势学校的学生家庭几乎都能提供一台计算机在家中学习，但在弱势学校，仅 3/4 的学生在家中拥有一台计算机。

为了弥补社交距离限制措施带来的损失，多媒体数字化学习和"线上""线下"结合的教学模式作为一种创新的学习方式，在许多国家已被视为新冠疫情之后的新常态。但是，从新冠疫情前一年学校可用的设备来看，学校尚未做好准备。一方面，PISA 结果显示（OECD，2020[3]），OECD 国家几乎平均每个 15 岁学生在学校就拥有一台计算机；同时，计算机的在校分配往往比家庭拥有的更公平。在 16 个国家中，学生的计算机持有率在弱势学校反而比在优势学校更大。然而，多国的校长表示，这些计算机在硬件配置上尚不足，这妨碍了全球 1/3 学生的学习。此外，远程和"线上""线下"相结合的学习模式不仅需要学生个人能够使用计算机，还需要强大的在线学习平台。来自多国校长的数据显示，2018 年，15 岁的学生群体中，仅约一半就读于在线学习平台能提供有效支持的学校，而各国之间与各国内部在此方面再次表现出巨大差异，尤其与学校所在地区的社会经济状况密切相关。

最后，只有用得好的技术，才是好技术。2018 年，平均有 65% 的 15 岁学生群体所在学校的校长认为，自己学校的教师具备相应的信息技术及教学技能，并能够将多媒体技术融入教学过程（OECD，2020[3]）。这明确了教师的学习需求，以便为新冠疫情新常态教学做准备。同样，教师的信息技术能力在优势学校和弱势学校间存在很大差异。例如在瑞典，拥有必要信息技术能力的教师比例在优势学校达 89%，但在弱势学校仅占 54%。

结合以上背景，我们应该看到，新冠疫情大流行期间，我们取得了如下进展。

二、在新冠疫情大流行期间获得远程教育的机会

远程教育在这里是指教师与学生不在同一空间的情况下，使用一种或多种技术，使得教学成为可能的一种教育形式。它支持师生在不论同步还是非同步

条件下，进行定期、实际的互动。

为应对迅速变化的疫情，学校往往在接到通知后的很短时间内就关闭学校，因此，各国为了缩小教育覆盖面的差距，都在直接使用或改进现有的多媒体数字资源或开发新的途径。

特别调查的结果表明，人们在远程教育的使用程度上存在巨大差异，原因有以下几点：一是学校在不同学段会采用不同的教学手段，二是不同学校关闭的时长也不同，三是学校所在地区差异导致当地政策措施不同，四是某些特定学生群体在学校停课期间拥有继续在校内学习的优先权。

在第一次学校停课期间，8个国家的小学和初中以及12个国家的高中面向全体学生开展了远程教育。15个国家中，超过75%的初中学生接受了远程教育，另有14个国家的小学以及13个国家的高中均开展了远程教育。丹麦基于不同年龄学段开展了远程教育，其中小学学段人数少于25%，初中学段人数为50%—75%，高中学段学生则全体接受远程教育。

在第二次学校停课期间，拉脱维亚、荷兰和斯洛文尼亚的所有小学、初中和高中学生均接受远程教育，奥地利、丹麦和爱沙尼亚三国称其在高中学段采用远程教育授课。7个国家的大部分小学和初中学生（75%以上）继续接受远程教育，6个国家的大部分高中学生（75%以上）继续接受远程教育。在新西兰，不到1/4的学生接受了远程教育授课（其国内只有一个地区实施二次停课政策，且此地区的所有学生都接受了远程教育）。另外在土耳其，50%—75%的中小学生接受了远程教育。

在第三次停课期间，只有拉脱维亚和荷兰的所有中小学生接受远程教育。在有可比数据的国家中，不到一半的国家中所有学生在复学的第一阶段正常返校，其中11个国家的小学、初中学生全部正常返校，12个国家的高中学生全部正常返校。7个国家的50%以上的中小学生正常返校，但在智利、哥伦比亚、捷克、丹麦、英格兰（英国）、立陶宛、斯洛伐克、斯洛文尼亚和西班牙等国，低于50%的学生正常返校。只有德国和日本两国交由学校/地区/大部分地方政府自行决定。

虽然这些数据在某种程度上描述了新冠疫情期间远程教育的概况，但并未体现远程学习的有效性。

三、远程教学的落实

（一）远程教学的解决方式

远程教育可以通过各种各样的方式实现，包括纸张（如书籍、家庭学习包等）、电视、无线电和互联网，或通过公开广播、闭路、电缆、微波、宽带、光纤、卫星或无线通信设备进行单向和双向传输，或进行音频会议，或使用录像带、DVD 和 CD–ROM 等。

特别调查的结果显示，各国在此方面的选择是一致的，即优先选择在线教育平台进行远程教育，尤其是在中学阶段。移动电话在中学阶段也颇为普遍，无线电则在中学高年级阶段更为普遍。与此同时，家庭学习包、电视以及广播的使用频率在中小学基本相近。在小学阶段，学校还会选择一些其他方式来实现远程教学，如图 13–1 所示。

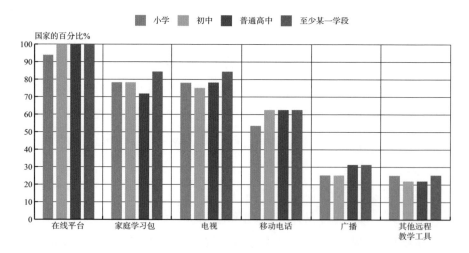

图 13–1：2020 年和 / 或 2021 年参与调查国家提供的远程教学工具在各学段所占比例
资料来源：OECD/ 联合国教科文组织 / 联合国儿童基金会 / 世界银行关于新冠疫情的特别调查，2021 年 3 月。

在有可比数据的 32 个国家中，所有国家均在 2020 年和 2021 年期间使用在线教育平台，除瑞典和俄罗斯两国仅在小学阶段采用线上平台以外，其余所有国家的各学段均采用在线教育平台。家庭学习包和电视作为第二大方式紧随其后，约 84% 的国家报告至少在某个特定学段使用了该方式（家庭学习包主要是在小学和初中阶段使用）。超过一半的国家（63%）采取移动电话作为第三种方式。1/3 的国家（31%）使用广播作为教育资源，这在高中阶段最为普遍。另约 1/4 国家（25%）也报告了其他远程学习方式，如表 13-1 所示。

值得注意的是，各国对使用这些方式的组合不同，大概分为以下 3 类：

第一类，有限的方式。约 34% 的国家使用了 3 种或 3 种以下的组合方式，包括捷克、丹麦、英国、爱沙尼亚、匈牙利、意大利、立陶宛、荷兰、挪威、斯洛伐克和瑞典。他们都至少在某一个学段依赖网络平台，而其中大多数还使用家庭学习包（捷克、英国、立陶宛、荷兰、斯洛伐克和瑞典）和电视节目（捷克、英国、匈牙利、意大利、立陶宛和斯洛伐克）。与此同时，爱沙尼亚和意大利是其中仅有的报告使用移动电话的国家，瑞典是唯一报告使用无线电广播的国家，而丹麦和挪威两国报告仅采用在线教育平台。

第二类，多元的方式。约 56% 的国家使用了 4、5 种方式，包括奥地利、比利时（荷兰语区与法语区）、加拿大、哥斯达黎加、法国、德国、以色列、日本、韩国、拉脱维亚、新西兰、葡萄牙、俄罗斯、斯洛文尼亚、西班牙、瑞士和土耳其。在这些国家的各学段，除了在线平台、电视和家庭学习包以外，手机也被普遍应用于远程教学。其中，只有加拿大、哥斯达黎加和法国未使用手机；还有一些国家在大多数情况下也使用无线电或其他远程学习方式。

第三类，所有方式。剩余 19% 的国家使用了调查问卷中提到的所有方式，包括其他远程学习方式。他们是智利、哥伦比亚和波兰，在中小学教育阶段均采用了所有方式。智利的小学以及哥伦比亚和波兰的全学段都使用其他远程教育方式。

表 13-1 2020 年和／或 2021 年各远程教学工具在参与调查国家中的使用情况分布

国家或地区	在线平台			家庭学习包			电视			移动电话			收音机			其他远程教学工具		
	小	初	高	小	初	高	小	初	高	小	初	高	小	初	高	小	初	高
国家总数	30	32	32	25	25	23	25	24	25	17	20	20	8	8	10	8	7	7
奥地利	○	○	○	○	○	○	○	○	○							○	○	○
比利时（荷兰语区）	○	○	○	○	○	○	○	○	○	○	○	○						
比利时（法语区）	○	○	○	○	○	○	○	○	○	○	○	○						

（续表）

国家或地区	在线平台			家庭学习包			电视			移动电话			收音机			其他远程教学工具		
	小	初	高	小	初	高	小	初	高	小	初	高	小	初	高	小	初	高
加拿大	○	○	○	○	○	○	○	○	○				○	○	○			
智利	○	○	○	○	○	○	○	○	○	○	○	○	○	○	○	○		
哥伦比亚	○	○	○	○	○	○	○	○	○	○	○	○	○	○	○	○	○	○
哥斯达黎加	○	○	○	○	○	○	○	○	○				○	○	○			
捷克	○	○	○	○	○	○												
丹麦	○																	
英格兰（英国）	○	○	○	○	○	○	○	○	○									
爱沙尼亚	○									○	○					○	○	○
法国	○	○	○	○	○	○	○	○	○				○	○	○	○	○	○
德国	○	○	○	○	○	○		○	○	○	○	○						
匈牙利	○	○	○				○	○										
以色列	○	○	○					○	○									
意大利	○	○	○					○	○									
日本	○	○	○	○	○	○	○	○	○				○	○	○			
韩国	○	○	○	○	○	○	○	○	○									
拉脱维亚	○	○	○	○	○	○	○	○	○	○	○	○						
立陶宛	○	○	○	○			○	○										
荷兰	○	○		○	○	○												
新西兰	○	○	○				○	○	○							○	○	○
挪威	○	○	○															
波兰	○	○	○	○	○	○	○	○	○	○	○	○	○	○	○	○	○	○
葡萄牙	○	○	○	○	○	○	○	○	○									
俄罗斯		○	○		○	○		○	○		○	○						
斯洛伐克	○	○	○	○	○	○	○											
斯洛文尼亚	○	○	○	○	○	○											○	
西班牙	○	○	○	○	○	○												
瑞典		○	○		○												○	
瑞士	○	○	○	○	○													
土耳其	○	○	○	○	○	○	○	○	○	○	○	○					○	○

注：小：小学；初：初中；高：普通高中。
资料来源：OECD/ 联合国教科文组织 / 联合国儿童基金会 / 世界银行关于新冠疫情的特别调查，2021 年 3 月。

随着各国抗击疫情的进行，多元的教学模式将变得越来越重要。在日趋多元的教学模式下，课堂和设备将不再被优先考虑，而应优先考虑人员配备和教学过程。因为在学生的学习过程中，教师和其他工作人员的支持才更为重要（OECD，2020[4]）。设备的可获得性、性价比以及各种方式下的教学质量将得到更细致的考量。

（二）对特殊群体的关怀

各国依靠一系列措施确保每个学生都能接受远程教育，包括灵活的、自定步调的平台，以及与移动通信运营商和互联网公司达成的协议。这些都确保了各学段的学生（尤其是小学阶段）能够获得远程教育资源。

89%的国家对终端设备（个人计算机或／和平板）给予补助，81%的国家采用非同步在线学习平台，以确保平台使用的灵活性和自主性。67%的国家至少在一个学段为在偏远地区的学习者改善基础设施，59%的国家为有障碍的学习者提供支持（如手语在线学习项目），56%的国家与移动通信运营商和互联网公司达成协议，以消除访问障碍。56%的国家为生活在人口密度较高地区的学习者改善基础设施；52%的国家向低收入家庭提供额外支持，包括但不仅限于打包的食品供给和现金转账等。与此同时，据报告，44%的国家为包括难民营儿童在内的移徙和流离失所儿童的在线学习做出了特殊努力，26%的国家为少数民族语言使用者特别设计了学习材料，如图13-2所示。

特别调查显示，比利时（荷兰语区与法语区）、智利、哥伦比亚、英格兰（英国）、爱沙尼亚、法国、日本、韩国、拉脱维亚、新西兰、波兰、葡萄牙、斯洛文尼亚、西班牙和土耳其等国在全学段实施了至少一半上述措施。

然而值得注意的是，在一些国家，教育设备的分配可能在疫情前就已经开始了。爱沙尼亚在学校关闭之前就已经拥有数字学习材料，包括用于在线平台的材料和俄语（主要少数民族语言）材料，并且向家里缺乏电子设备的学生提供借用服务。同样，捷克在疫情前就开始在教学活动中向残疾学生和少数民族语言使用者提供必要帮助。

2020年，在荷兰、法国等国家，当地政府也发挥了重要作用。例如，在荷兰，社会各方都做出了努力，比如一些组织为学校提供设备的支持资金，再如

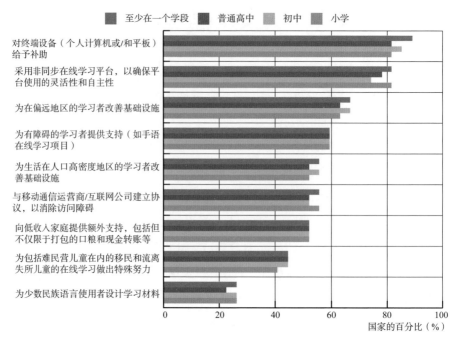

图 13-2　对特殊群体接受远程教育采取的各种保障措施在各学段的分布，以及使用
　　　　该措施的国家占比（在 2020 年第一次学校停课期间采取的措施）

资料来源：OECD/ 联合国教科文组织 / 联合国儿童基金会 / 世界银行关于新冠疫情的特别调查，
2021 年 3 月。

政府部门统筹分配二手设备，还有一些学校为暂时无法获得设备的低收入群体
的孩子提供教育资料。在法国，各地政府根据自己的能力为有特殊需求的学生
提供经过改造的设备。

（三）远程教育措施的有效性

　　如本章前文所述，吸取疫情期间的教训将成为各国加强教育体系复原能力
的关键。在后疫情时代，继续关注远程教育方案如何满足不同学生的需要，并
扩大其获得高质量学习的机会将更重要。

　　为了评估措施的有效性，一些国家已经开展了相关研究。捷克、爱沙尼亚、
芬兰、以色列、拉脱维亚、斯洛文尼亚和土耳其等国进行了家庭调查、学生评
估、教师评估或其他实地研究。

　　在芬兰，芬兰国家教育局（FINEDU）一直在汇编关于数据收集和调查报告
的资料。此外，波兰还监测平台用户数量和个人电子材料的使用情况（如教育

材料的普及程度或平台用户数量）。拉脱维亚的教育部与一家私企合作，定期开展关于学习过程监测的调查，调查内容包括数字方式的使用、农村地区的互联网使用、学习时间或学习方法与现场学习的对比等，同时根据这些调查结果调整了远程教育的各个方面措施。在爱沙尼亚，一项全国性调查收集了普通和职业教育的学生、教师和家长的反馈，以探究远程学习的影响。以色列则定期开展调查（迄今已进行了两项调查），以评估信息技术的使用情况、支持力度、教师的专业发展和需求和远程教育的效率等。2021年初，斯洛文尼亚已经与学校校长、教师和学生就远程学习战略的不同方面、实施情况和在学校的经验开展了一些初步的小规模调查和分析，并在2021年进行对远程教育的全面评估，评价其对学生学习的影响，如表13-2所示。

表13-2　对特殊群体接受远程教育采取的多种保障措施在各国的使用情况分布

保障措施	向低收入家庭提供额外支持，包括但不限于打包的食物供给和现金转账等			与移动通信运营商/互联网公司建立协议，以消除访问障碍			为少数民族语言使用者设计学习材料			采用非同步在线学习平台，以确保平台使用的灵活性和自主性			为在偏远地区的学习者改善基础设施			为生活在人口高密度地区的学习者改善基础设施			为包括难民营儿童在内的移徙和流离失所儿童的在线学习做出特殊努力			对终端设备(个人计算机或/和平板)给予补助			为有障碍的学习者提供支持（如手语在线学习项目）		
阶段	小	初	高	小	初	高	小	初	高	小	初	高	小	初	高	小	初	高	小	初	高	小	初	高	小	初	高
国家总数	14	13	13	15	14	14	7	7	6	22	20	21	17	18	17	14	15	14	11	12	12	22	23	22	16	16	16
奥地利										○	○	○										○	○	○			
比利时（荷兰语区）				○	○	○				○	○	○													○	○	○
比利时（法语区）																											
加拿大																											
智利	○																										
哥伦比亚																											
哥斯达黎加	○	○																				○	○	○			
捷克										○												○					
丹麦	○	○	○	○	○	○				○	○	○										○	○	○	○	○	○

（续表）

保障措施	向低收入家庭提供额外支持，包括但不限于打包的食物供给和现金转账等			与移动通信运营商/互联网公司建立协议，以消除访问障碍			为少数民族语言使用者设计学习材料			采用非同步在线学习平台，以确保平台使用的灵活性和自主性			为在偏远地区的学习者改善基础设施			为生活在人口高密度地区的学习者改善基础设施			为包括难民营内的移徙和流离失所儿童的在线学习做出特殊努力			对终端设备(个人计算机或/和平板)给予补助			为有障碍的学习者提供支持(如手语在线项目)		
阶段	小	初	高	小	初	高	小	初	高	小	初	高	小	初	高	小	初	高	小	初	高	小	初	高	小	初	高
英格兰（英国）	○	○	○	○	○	○	○	○	○																		
爱沙尼亚	○	○	○				○	○	○	○	○	○	○	○	○	○	○	○	○	○	○				○	○	○
法国	○	○	○	○	○	○				○	○	○	○	○	○	○	○	○	○	○	○				○	○	○
德国	○	○	○	○	○	○				○	○	○	○	○	○	○	○	○	○	○	○				○	○	○
匈牙利					○						○								○	○	○				○	○	○
以色列							○	○	○													○	○	○			
意大利																						○	○	○			
日本	○	○	○	○	○	○				○	○	○	○	○	○	○	○	○	○	○	○						
韩国	○	○	○	○	○	○				○	○	○	○	○	○	○	○	○	○	○	○				○	○	○
拉脱维亚	○	○	○																			○	○	○			
立陶宛										○	○	○	○	○	○	○	○	○	○	○	○				○	○	○
荷兰																						○	○	○			
新西兰				○	○	○																○	○	○			
挪威				○	○	○																○	○	○			
波兰	○	○	○							○	○	○										○	○	○			
葡萄牙	○																						○	○			
俄罗斯										○	○	○															
斯洛伐克	○	○	○	○	○	○				○	○	○										○	○	○	○	○	○
斯洛文尼亚				○	○	○				○	○	○										○	○	○	○	○	○
西班牙	○	○	○							○	○	○										○	○	○	○	○	○
瑞典		○	○		○																○						
瑞士																											
土耳其	○	○	○	○	○	○	○	○	○										○	○	○						

注：小：小学；初：初中；高：普通高中。

资料来源：OECD/ 联合国教科文组织 / 联合国儿童基金会 / 世界银行关于新冠疫情的特别调查，2021 年 3 月。

第十四章　在复学期间为学生和学校提供支持

我们必须在学校复学和疫情防控之间取得平衡。以往流行病的证据表明，关闭学校可以减少 15% 的感染率（OECD，2020[5]）。虽然与其他公共政策措施相比，这一比例并不算高（例如，限制工作场所的社交距离可减少 73% 的传播，传染病例隔离可减少 45% 左右，居家隔离可减少 40% 左右），但其影响仍不容忽视。在一些国家，幼儿群体与高风险感染群体老年人之间存在着高频互动。各国均已采取行动，在降低感染风险和确保教育公平和质量两者之间，管控风险，权衡利弊。各级政府的教育和公共卫生主管部门之间需持续进行有效的协调，以确保在减少新冠疫情传播的前提下继续进行教育教学。

一、降低健康风险

由于各国抗疫的策略不同，新冠疫情在各国的发展各不相同，所以各国的复学政策也存在许多差异。一些国家在 2019—2020 学年就确保了学生正常返校上课，另一些国家则将复学推迟到了下一学年，尤其是在高中学段。

事实证明，保持社交距离是防止新冠病毒传播的有效措施之一。在学校环境下，保持社交距离意味着减少儿童群体间的接触，并保持学生与工作人员间 1—2 米的安全距离。

在 2020 年第一次停课之后，约 80% 的国家对所有学段进行了校园环境的布置调整。约 50% 的国家采取了根据学生的年龄段分批复学的方式，同时暂停了课外活动。与小学相比，中学更普遍采用的策略是将课堂教学和远程学习结合起来，并组织学生分批到校学习，如图 14-1 所示。

经历 2020 年第一次停课后，13 个国家的小学的上课时间和学校出席率恢复至正常水平。11 个国家选择在五六月份复课复学，加拿大和土耳其的大部分学校

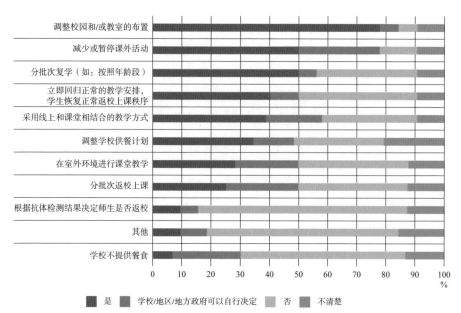

图 14-1　在 2020 年第一次停课期后，小学阶段复学的各种措施使用情况
资料来源：OECD/ 联合国教科文组织 / 联合国儿童基金会 / 世界银行关于新冠疫情的特别调查，
2021 年 3 月。

则持续停课至暑假结束。除了新西兰以外，上述所有国家都处于北半球，因此他们在 6 月底前后都会迎来暑假。只有巴西和葡萄牙为了弥补第一次停课损失的学习时间，延长了中小学的学年。在另外 7 个国家，学校可以自行决定是否要延长学年，其他国家则提出了可以利用晚上、周末或者暑期来弥补教学时间损失。

随着复学的进行，一部分国家已赋予学校在疫情恶化时调整为远程教育的自主权。例如，芬兰对基础教育法做出了临时修订：学校无法按照地方当局建议安全组织在校教学时，可以为小学和初中的学生启用特殊远程教学模式。

二、为教师接种疫苗

教师群体接种疫苗、保持课堂社交距离和严格遵守卫生条例等措施，保障了学校复学过程中的安全。然而，由于初期疫苗供应有限，加之公共卫生领域内，多种目标需求相互竞争冲突（如缓解医疗保健系统压力和保护最脆弱群体之间的矛盾），各国政府面临着疫苗接种优先次序的艰难抉择（欧洲疾病预防和控制中心，2020[6]）。

特别调查显示，截至 2021 年 3 月，在有可比数据的 30 个国家中，19 个国家实施了优先为教师群体接种疫苗的国家政策，范围包括学龄前至高中阶段。这些国家包括奥地利、智利、哥伦比亚、捷克、爱沙尼亚、德国、匈牙利、爱尔兰、以色列、意大利、拉脱维亚、立陶宛、波兰、葡萄牙、俄罗斯、斯洛伐克、斯洛文尼亚、西班牙和土耳其。例如，在德国，欧洲经济共同体和初级机构的工作人员被分配到第二优先组（与 70—80 岁的人和患有特殊疾病的人同组，在 80 岁以上的人和医护人员群体之后），其针对小学和特殊教育机构教师的疫苗接种计划于 2021 年 2 月底开始进行。在比利时、哥斯达黎加、丹麦、英国、芬兰、法国、日本、荷兰、挪威、瑞典和瑞士等国家，教师或与普通民众同时接种疫苗，或尚未确定教师的疫苗接种时间，如表 14-1 所示。

表 14-1　学前阶段至高中阶段，教师接种疫苗优先级的情况（截至 2021 年 3 月）

实施了优先为教师群体接种疫苗国家政策的国家		教师或与普通民众同时接种疫苗，或尚未确定教师的疫苗接种时间的国家	
国家数量	国家	国家数量	国家
19	奥地利、智利、哥伦比亚、捷克、爱沙尼亚、德国、匈牙利、爱尔兰、以色列、意大利、拉脱维亚、立陶宛、波兰、葡萄牙、俄罗斯、斯洛伐克、斯洛文尼亚、西班牙和土耳其	11	比利时、哥斯达黎加、丹麦、英格兰（英国）、芬兰、法国、日本、荷兰、挪威、瑞典和瑞士

资料来源：OECD/ 联合国教科文组织 / 联合国儿童基金会 / 世界银行关于新冠疫情的特别调查，2021 年 3 月。

如图 14-2 所示，大多数优先考虑教师群体疫苗接种的国家对教师群体内部接种的优先次序也做了相应规定。鉴于老年人转化为重症病例的风险更高，奥地利、智利、哥伦比亚、捷克、德国、匈牙利、拉脱维亚和斯洛文尼亚等国已优先为高龄教师接种疫苗。德国、拉脱维亚、波兰、葡萄牙、斯洛文尼亚和西班牙等国根据教师所在的学段决定接种的优先次序。例如在拉脱维亚，与儿童面对面工作的教师（即学前教师和特殊教育教师）将优先获得疫苗接种。但俄罗斯则采用了另一种标准，即优先为疫情发病率高的地区的教师接种疫苗。

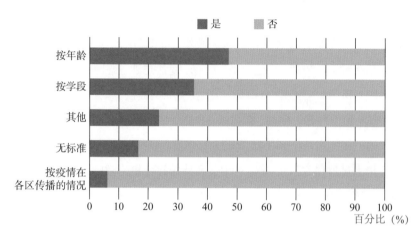

图 14-2　报告使用不同标准优先安排教师接种疫苗（学前至高中阶段）的国家所占百分比

资料来源：OECD/ 教科文组织国际信息系统 / 联合国儿童基金会 / 世界银行关于新冠疫情的特别调查，2021 年 3 月。

三、可持续学习

为了保证远程教学的公平和质量，各国采取不同的策略来降低学习损失，特别是对低年级而言，保证公平和质量的挑战尤为突出。在有可比数据的国家中，86% 的国家在小学阶段提供了减少学习差距的补救措施，75% 在初中阶段中提供了补救措施，73% 在高中阶段提供了补救措施。补救措施通常针对所有有需要的学生群体，而非针对某个特定群体。在有可比数据的国家中，超过 60% 的国家采取了聚焦弱势学生群体的具体措施，约 40% 的国家则对移民、难民、少数民族或土著群体采取了针对性措施。同样，半数以上的国家针对可能留级或退学的学生采取了专门的措施，如图 14-3 所示。例如在以色列，条件不利的地区或大部分学生学习表现可能不佳的地区将优先考虑开放学校，这些学校在第二次学校停课期间被允许继续开放。

大约 1/4 的国家集中在升学学生群体中开展补救措施，对于那些参加全国性统一考试的高中学生来说，这一比例翻了一番。全国性统一考试是指证明学生完成高中学业和获得接受高等教育许可的考试（类似我国高考）。例如在拉脱维亚，通过 2019—2020 学年全国性统一考试的高中学生被允许返校，就他们

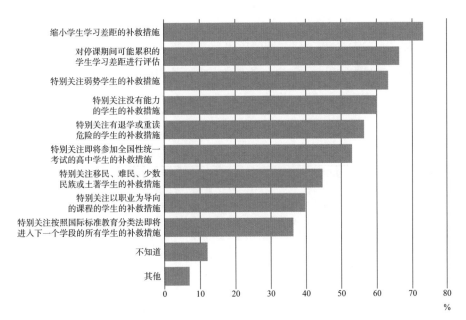

图 14-3　2020 年第一次复课时，各国为降低学习损失而采取的策略，以及使用该策略
　　　　 的国家所占比（高中阶段）

资料来源：OECD/ 教科文组织国际信息系统 / 联合国儿童基金会 / 世界银行关于新冠疫情特别调
查，2021 年 3 月。

的课程资料进行咨询。尽管在虚拟远程教学环境下保证实际的学习存在着诸多
困难，但仅 40% 的国家的中职校对此采取了相应措施，如图 14-3 所示。爱沙
尼亚为职校学生安排了额外的学习时间，而挪威则对学徒行业考试的组织进行
了具体调整。

　　学校停课和"线上""线下"相结合的教学模式大大减少了一学年内的现场
授课时间，各国在现有校历条件下通过重新分配时间和安排辅导班的方式来对
此进行弥补。在这些国家中，近 50% 的国家对所有学段学生在正常学时之外
安排了额外的上课时间。例如在法国，2020 年 9 月为学生安排了在校完成家庭
作业的时间，以支持在新冠疫情期间面临教育挑战的学生。9 个国家在小学和
初中学校的放假期间安排了额外的补习时间，德国、日本和荷兰的一些学校则
在周末安排补习。在其他国家，如斯洛文尼亚和瑞士，学校在现有校历规定的
上课时间进行补课，如表 14-2 所示。

　　然而，这些数据无法体现补课措施在落实过程中的公平程度。许多国家颁布了指导方针，学校可以自行决定何时开始以及如何实施。在韩国、新西兰和挪威等国，开设课后、周末或假期辅导课主要由学校自行决定。据最近针对法国初中的一项调查结果显示，54% 的受访者表示他们建立了辅助系统，以支持有困难的学生巩固基本技能，并增加了教学活动的时间。

表 14-2　2020 年第一次复课时，各国采取的弥补学习损失的措施（高中阶段）

	对停课期间可能积累的学生学习差距进行评估	采取缩小学生学习差距的补救措施（针对所有有需要的学生）	特别关注弱势学生的补救措施	特别关注无法获得远程学习的学生的补救措施	特别关注有退学或重读危险的学生的补救措施	特别关注移民、难民、少数民族或土著学生的补救措施	特别关注以职业为导向的课程的学生的补救措施	特别关注即将在2020年参加全国性统一考试的高中学生的补救措施	特别关注按照国际标准教育分类法即将进入下一个学段的所有学生的补救措施
奥地利	○	○	○	○	○	○	○	○	○
比利时（荷兰语区）	○	○	○	○		○	○	○	
比利时（法语区）	○	○	○			○	○	○	
加拿大	○	○							
智利	○				○				
哥伦比亚	○	○			○			○	
捷克	○	○	○	○				○	
英格兰（英国）		○	○	○		○		○	○
爱沙尼亚	○	○	○	○	○		○	○	
芬兰	○	○							
法国	○	○	○	○	○		○	○	
德国	○	○	○	○	○				
匈牙利			○						
爱尔兰			○						
以色列		○	○	○	○	○	○	○	○
意大利									
日本	○	○	○	○	○		○	○	○

（续表）

	对停课期间可能积累的学生学习差距进行评估	采取缩小学生学习差距的补救措施（针对所有有需要的学生）	特别关注弱势学生的补救措施	特别关注无法获得远程学习的学生的补救措施	特别关注有退学或重读危险的学生的补救措施	特别关注移民、难民、少数民族或土著学生的补救措施	特别关注以职业为导向的课程的学生的补救措施	特别关注即将在2020年参加全国性统一考试的高中学生的补救措施	特别关注按照国际标准教育分类法即将进入下一个学段的所有学生的补救措施
韩国		○	○	○		○		○	
拉脱维亚		○			○			○	
立陶宛									
荷兰	○	○	○	○	○	○	○	○	○
新西兰	○								
挪威									
波兰	○	○	○	○	○	○	○	○	
葡萄牙	○								
斯洛伐克	○								
斯洛文尼亚					○	○		○	○
西班牙	○	○	○	○	○	○	○	○	○
瑞典									
土耳其		○	○	○	○	○	○	○	

资料来源：OECD/ 教科文组织国际信息系统 / 联合国儿童基金会 / 世界银行关于新冠疫情的特别调查，2021 年 3 月。

四、确保公平和全纳

弱势学生群体最容易在学校停课期间遭受学习损失，他们不仅不太可能获得高质量的教育，而且也不太可能从数字基础设施、安静的学习环境和有效远程学习的支持性环境中受益。

在这些国家中，65%—75% 的国家建立了以学校为基础的机构，追踪那些未返校的弱势学生群体，其中追踪结果比率稍低的国家调整了本国的卫生环境

做出反应的国家执行具体措施的比例

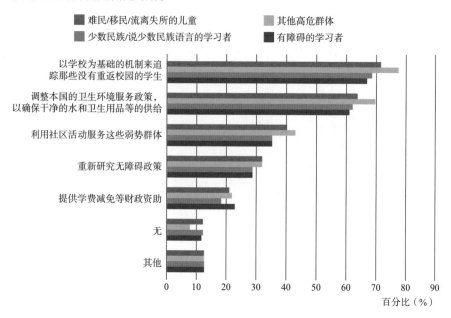

图 14-4　鼓励弱势群体学生重返校园（学前教育至高中教育阶段）的支持措施
注：只有对问题回答"是"或"否"的国家被纳入计算。
资料来源：OECD/ 教科文组织国际信息系统 / 联合国儿童基金会 / 世界银行关于新冠疫情特别调查，2021 年 3 月。

服务政策，以使更多的弱势群体学生能够获得服务。约 40% 的国家利用社区活动服务弱势群体学生，30% 的国家重新研究了无障碍政策。大多数 OECD 国家都免费提供基本的公立学校教育，其中有些国家，如哥斯达黎加、爱沙尼亚、波兰、葡萄牙、匈牙利、西班牙和土耳其等国，还对至少一类弱势群体学生提供现金、食物、交通或免除学费等财政资助，如图 14-4 所示。

　　大多数国家采取的措施通常适用于所有的弱势群体学生，而且有些国家还对某些特定的弱势群体学生采取了针对性措施。例如在拉脱维亚，特殊教育机构的基础教育对有精神障碍的儿童保持开放；在捷克，学校采用小组学习形式和高强度消毒措施，允许有特定认知障碍或其他障碍的孩子不佩戴口罩获得教学；爱尔兰则制定了一个暑期方案，帮助有障碍的学生返校，此外，该国支持残疾儿童免费就学的政策和全纳模式（AIM）计划在整个疫情期间都维持开放；土耳其主要针对难民、移民或流离失所的儿童进行财政资助或费用减免。

第十五章 考试和评估

在许多国家,学生在一个常规学年中,往往需要通过考试的形式获取证明或证书,以此获得升学资格。这类考试在高中阶段最普遍,它将证明学生已完成高中学业和/或选择进入高等院校。

除了期末考试外,学校还常常设有标准化考试,可以帮助决策者和教育工作者监测不同年龄组的学习情况,更好地将资源与需求匹配起来,为教师的分配提供参考,并为教师、学生和家长提供学生学习的过程性诊断评估。在某些情况下,这些评估结果也会影响校方对学生的评价(OECD,2015[7])。在这些考试和评估中,测评内容和管理条件的标准化有助于确保学生之间、学校之间以及各年度之间结果的可比性。

然而,新冠疫情使得国家考试和评估的管理复杂化。各国在不同程度上改变了考试和评估的时间、内容及模式,许多国家取消了原有的计划安排,用其他毕业标准取代了高中阶段的考试。各国改变其评估和考试计划的程度不同,这既与疫情有关,也与这些考试在其教育体系中的重要性有关。

一、毕业标准和考试的改变

作为学校复课计划的一部分,在被问及是否在2019—2020学年或2020—2021学年对高中毕业标准做出改变时,许多国家报告了调整。例如,在西班牙,所有学生如无特殊情况都在上一学年结束时自动升入下一年级,因为国家级考试大多都被取消,取而代之的是教师的集体决定。在法国,毕业标准由原本参考标准化考试和在校成绩,改为仅参考在校成绩。

很少有国家能够报告2020年和2019年的毕业率(这里的毕业率是指,当年高中毕业生人数与前一年高中入学学生人数的比率)。初步结果显示,在智

利、捷克、法国、匈牙利、意大利、拉脱维亚、挪威和西班牙等国，毕业率显著
增加（仅发生在捷克、匈牙利和拉脱维亚的职业高中学生中，仅发生在挪威的
普通高中学生中）。爱沙尼亚、韩国、立陶宛和瑞典等国报告毕业率稳定，俄罗
斯报告毕业率下降，如图 15-1 所示。哥伦比亚则报告，预计毕业率将会下降

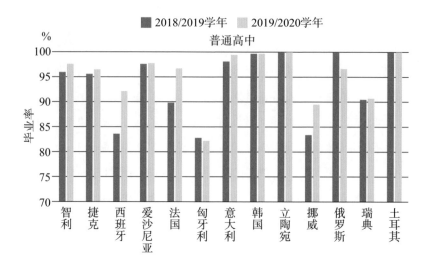

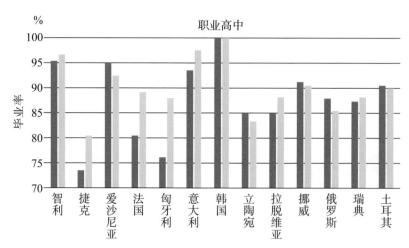

图 15-1　13 国高中生毕业率对比（2019 学年与 2020 学年的对比）

注：毕业率是用高中毕业生的人数除以前一年高中入学的学生人数来计算的。大于 100% 的比率
表示为 100%。图中只显示了两个学年都有有效数据的国家。

资料来源：OECD/ 联合国教科文组织 / 联合国儿童基金会 / 世界银行关于新冠疫情的特别调查，
2021 年 3 月。

（即在这个阶段还无法进行计算）。

　　大约 17 个国家推迟或重新安排了考试时间（奥地利、智利、哥伦比亚、捷克、爱沙尼亚、芬兰、德国、以色列、韩国、拉脱维亚、立陶宛、新西兰、波兰、葡萄牙、斯洛文尼亚、西班牙和土耳其）。重新安排考试时间并不单纯意味着推迟。例如，在芬兰，大学入学统一考试通常在春季举行，然而预计到 2020 年春季疫情会更严重，因此提前了一周。同时，为了弥补备考时间缩短带来的损失，若学生对春季考试成绩不满意，可以选择在秋季重考。比利时、丹麦、爱沙尼亚、法国、匈牙利、以色列、荷兰、挪威和斯洛伐克的法语区全部取消了考试，至少部分考试被取消（如匈牙利取消了口试）。

　　许多保留考试的国家（可能时间与原计划有所不同）对考试的内容或模式也做了改变。10 个国家（奥地利、智利、以色列、意大利、拉脱维亚、波兰、葡萄牙、俄罗斯、西班牙和土耳其）报告更改了考试内容，5 个国家或地区（比利时荷兰语区、哥伦比亚、意大利、拉脱维亚和立陶宛）报告改变了管理模式（如在立陶宛，一小部分的期末考试在"线上"举行）。另有 8 个国家（哥斯达黎加、法国、以色列、拉脱维亚、荷兰、新西兰、波兰和俄罗斯）报告采用了其他方式来评估测验学生的学习效果。

表 15-1　由于疫情影响，对 2019—2021 学年的全国性统一考试做出的调整，及其在各国中的分布（普通高中）

调整	数量	国家
采取额外的健康和安全措施（如在课桌之间增加空间，以保持考生之间的距离）	21	奥地利、比利时（荷兰语区）、比利时（法语区）、智利、哥伦比亚、捷克、爱沙尼亚、芬兰、法国、德国、匈牙利、以色列、意大利、立陶宛、拉脱维亚、波兰、葡萄牙、俄罗斯、斯洛文尼亚、西班牙、土耳其
调整考试内容（如科目或题目数量）	30	奥地利、智利、西班牙、以色列、意大利、拉脱维亚、波兰、葡萄牙、俄罗斯、土耳其
调整管理模式（如使用计算机或网络管理）	5	比利时（荷兰语区）、哥伦比亚、意大利、拉脱维亚、立陶宛
推迟或重新安排考试时间	17	奥地利、智利、哥伦比亚、捷克、德国、西班牙、爱沙尼亚、芬兰、以色列、韩国、拉脱维亚、立陶宛、新西兰、波兰、葡萄牙、斯洛文尼亚、土耳其

（续表）

调整	数量	国家
取消考试，并改换做出重大决策（如分数的计算）的方法	9	比利时（法语区）、丹麦、爱沙尼亚、法国、匈牙利、以色列、荷兰、挪威、斯洛伐克
采用其他方式来评估学生的学习效果（如评估学生的学习档案）	8	哥斯达黎加、法国、以色列、拉脱维亚、荷兰、新西兰、波兰、俄罗斯

注：34 个国家完成了调查，其中 28 个国家对其中至少一个问题给出了有效答案（即未勾选"不适用"或"不知道"）。
资料来源：OECD/ 联合国教科文组织 / 联合国儿童基金会 / 世界银行关于新冠疫情的特别调查，2021 年 3 月。

在 2020—2021 学年，4 个国家或地区（比利时法语区、丹麦、匈牙利和挪威）取消了普通高中的考试，另有其他 3 个国家或地区（比利时荷兰语区、哥伦比亚和拉脱维亚）调整考试的管理方式。奥地利、捷克、丹麦、法国、德国、拉脱维亚、立陶宛、波兰、葡萄牙、斯洛文尼亚、西班牙和土耳其 12 个国家调整了考试内容，8 个国家则推迟或重新安排了考试时间，如表 15–1 所示。

二、学习评估

鉴于在过去一年中，正常教育教学普遍中断，所以迫切需要了解学生的学业受到的影响程度，用来指导在接下来的几个月里更有效地利用资源。在大多数国家，评估学校关闭和其他健康与安全措施给学生的学业带来的影响主要由课堂教师负责，如表 15–2 所示。但在某些情况下，如在哥伦比亚，国家政府向教师提供指导方式，帮助他们评估学生的学习损失。仅少数几个国家对学生进行了标准化评估：法国、德国、丹麦、爱沙尼亚和意大利等国对小学、初中和高中学生进行了标准化评估；荷兰对初中学生进行了标准化评估；挪威对小学和初中学生进行了标准化评估；波兰对初中与高中学生进行了标准化评估；奥地利、捷克、拉脱维亚和俄罗斯对高中学生进行了标准化评估。其他几个国家计划利用本学年进行的标准化评估来评估因疫情造成的学习损失。

在 2020 年，使用标准化评估的国家很少的原因之一是许多国家在这一年取消了全国统一性考试。例如，匈牙利、以色列、斯洛伐克和西班牙在 2020 年取消了所有全国统一性考试。而能够在 2020 年继续开展全国统一性考试的 9 个国家或地区（包括奥地利、比利时荷兰语区、捷克、爱沙尼亚、法国、意大利、拉脱维亚、波兰和俄罗斯的初中学段）则使用其结果为教师提供学生学习的诊断性信息，并为家长提供学生学习效果的反馈。另外 7 个国家（奥地利、捷克、爱沙尼亚、法国、匈牙利、拉脱维亚和波兰）将这一考试结果与学校过去几年的成绩进行了比较，如表 15-2 所示。

表 15-2　各国为评估 2020 年因新冠疫情而造成的学校停课是否导致学习损失而采取的措施及其在各学段的分布（小学、初中和普通高中）

国家或地区	对学生进行标准化评估（在地方或国家层面）			对学生进行课堂评估（由教师进行形成性评估）		
	小学	初中	高中	小学	初中	高中
奥地利			○	○	○	○
比利时（荷兰语区）				○	○	○
比利时（法语区）				○	○	○
智利				○	○	○
哥斯达黎加				○	○	○
捷克			○	○	○	○
丹麦	○	○	○	○	○	○
爱沙尼亚	○	○	○	○	○	○
法国	○	○	○	○	○	○
德国	○	○	○			
以色列				○	○	
意大利	○	○		○	○	○
日本					○	○
拉脱维亚			○	○	○	○
立陶宛				○	○	○
荷兰	○			○		
挪威	○	○		○		
波兰		○	○		○	
葡萄牙				○	○	○
俄罗斯			○	○	○	○
西班牙				○	○	○
瑞士				◔	◔	◔

资料来源：OECD/ 联合国教科文组织 / 联合国儿童基金会 / 世界银行关于新冠疫情的特别调查，2021 年 3 月。

7 个国家（奥地利、捷克、丹麦、法国、拉脱维亚、波兰和俄罗斯）利用 2019—2020 学年在初中阶段进行的全国统一性考试结果来评估学校的表现。2015 年，在应对类似情况时，大多数国家都利用全国统一性考试来评估学校表现（OECD，2015[7]）。但在 2020 年，仅有为数不多的国家将全国统一性考试用于学校评估。这可能反映了全国统一性考试在大部分国家或地区被取消的事实。即使在没有被取消的国家或地区，学生的参与度可能也很低，因此其可能影响评估结果的有效性和可比性，从而影响学校和教师的判断。

第十六章　对教师的支持

向远程教学的过渡以及随后的学校复课（通常是在有限的空间内和严格的卫生规范下）对教师的工作产生了深远的影响。这场危机要求教师中的许多人学习新技能并准备适合"线上"虚拟学习环境的教学材料。在某些情况下，这给他们增加了新的责任，如为学生提供支持和资源的协调，增加与家长的互动，组织补习班或在学校实施新的管理、健康和安全行政策略。某些情况下，教师的缺席进一步限制了学校缩小课堂规模和实施混合教学模式。这些对教师及相关教育工作者的新要求，促使一些国家改变其人员配备和招聘的方式。例如，日本在 2020 年中期新增了一项补充预算，调整学校的人员构成并雇用更多的人员（雇用至 2021 年 3 月）以减轻教师的工作量（该计划预计将在中小学再增加 84 900 名员工，或平均每所学校 3 人）（Boeskens & Nusche，2021 年，第 68 页 [8]）。

一、确保教育的连贯性

特别调查表明，在大多数 OECD 国家中，所有中小学教师在 2020 年学校停课期间都被要求进行远程教学，如图 16-1 所示。1/4 至 1/3 的国家报告，超过 75% 的教师被要求教学，仅少数国家将决定权留给了学校和地方政府。

在学前教育阶段，相较于在校学习，组织远程教学对学校而言是更大的挑战。在有可比数据的国家中，只有 42% 的国家要求所有学前阶段的专业人员在学校停课期间进行教学，但一些国家在整个新冠疫情期间保持了幼儿早教和护理中心（ECEC）的开放，或仅关闭了此类中心很短一段时间。在关闭之后，7 个国家报告说，要求一半或一半以下的教师来教学。这或许是因为学前阶段儿童更难在远程学习中有所收获。同样，约 21% 的国家在学前教育阶段由学

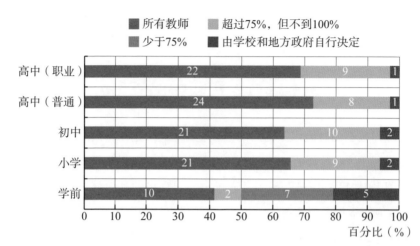

图 16-1　2020 年学校关闭期间，被要求进行（远程/"线上"）教学的各学段教师比例
注：根据 34 个 OECD 和伙伴国家的数据（不包括反馈"不知道"/"不适用"的国家）。
资料来源：OECD/联合国教科文组织/联合国儿童基金会/世界银行关于新冠疫情的特别调查，
2021 年 3 月。

校或地方政府决定是否需要教师授课。

　　并非所有参加特别调查的国家都统计了在学校停课期间教师进行远程教学的环境。在进行过统计的国家中，超过一半的国家报告，在学校关闭期间，教师能够在校内进行教学。例如在斯洛文尼亚，若教师没有合适的条件在家教学，则可在校内进行教学。

　　在参加特别调查的国家中，仅少数几个国家改变了其教师招聘做法和人事政策，大多数国家似乎更优先考虑其他措施来最大程度地减少停课对学校的影响，以帮助学校复课。在 28 个 OECD 国家中，9 个报告称已招募了临时教师或其他人员来满足 2020 年新冠疫情期间的教学需要。例如，在斯洛文尼亚，幼儿园及基础教育阶段的学校获得了额外的资金，用于在第二波新冠疫情中使用技术运营商以支持其信息技术基础设施的建设。另有 5 个国家报告，学校或地方政府可酌情增聘临时工（在小学和高中阶段也观察到类似做法），如图 16-2 所示。4 个（12%）国家报告称在 2019—2020 学年的复学聘用了新的教师；另有 8 个（25%）国家在 2020—2021 学年也开始如此。

　　小部分国家报告称，对现有的人事政策做出了系统性改变。仅日本和新西兰两个 OECD 国家为教师提供了推迟退休和继续工作的激励措施。比利时的荷兰语区和法语区、捷克和波兰为教师提供了更多的激励去教授补习班。这些补习班有些是在暑假组织的，以帮助学生弥补损失的学习时间，如图16-2 所示。

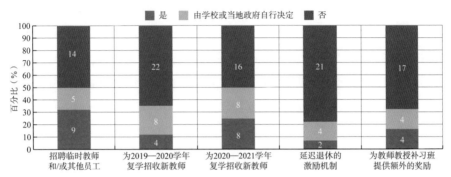

图 16-2　各国对招聘措施和人事政策作出的调整方法及使用国家的频数分布
（参考国际教育分类标准 2）

注：根据 34 个 OECD 和伙伴国家的数据（不包括反馈"不知道""不适用"的国家）。大多数国家小学和高中的反馈是相似的。

资料来源：OECD/ 联合国教科文组织 / 联合国儿童基金会 / 世界银行关于新冠疫情的特别调查，2021 年 3 月。

3 个 OECD 国家（占对特别调查做出回应的国家的 10%）报告，为应对2020 年的学校停课，他们调整了小学至高中教师的薪资和福利。例如，在斯洛伐克，拒绝或无法进行远程教学的教师的基本工资被降低了 20%。在斯洛文尼亚，在征得学校领导的批准后，若教师选择居家工作，因使用了教师个人的一些资源，可以得到相应补偿；若教师选择在校工作，则能获得高风险津贴。

二、保持教师、学生和家长之间的互动

在学校停课期间，确保教师、学生和家长之间的密切联系是保证教学连贯性的关键。

远程学习对学生而言意味着许多挑战，如在"线上"课堂保持专注，以及在没有教师直接监督的情况下找到学习的动力。学生的自我效能感和应变能力体

现了他们面对这些挑战时追求目标的能力信心。这些能力是克服停课所带来挑战的重要筹码（Meluzzi, 2020）。PISA 2018 结果显示，在新冠疫情之前，84% 的学生"同意"或"强烈同意"他们通常可以找到摆脱困境的出路，71% 的学生"同意"或"强烈同意"他们的自信能帮助他们度过艰难的时期（OECD, 2019[10]）

教师和家人的支持可以促进学生自我效能感的发展并带来更好的学习成果（OECD, 2019[11][12]）。然而，这也带来了公平问题，因为来自弱势背景的家长在支持孩子完成学业方面可能面临更多的挑战（如时间有限或对学习材料不熟悉）。家校沟通可能有助于缩小这一差距，如为家长提供如何有效支持孩子学习的指导（Meluzzi, 2020）。在新冠疫情之前，在参与 OECD 国际教学调查（以下简称 TALIS）的 OECD 国家中，教师报告称，在最近的一个教学周内，与家长或监护人的平均交流及合作时间为 1.4 小时。此外，平均 9% 的教师表示，在与家长或监护人的合作方面存在很高的专业发展需求（OECD, 2019[13]）。

学校关闭意味着学校与家庭之间互动的频率和形式发生了变化。为了保持教师、学生和家长之间的沟通顺畅，政府经常在停课期间提供有关潜在沟通渠道的指导。在有可比数据国家的初中阶段，最受欢迎的互动方式是"教师、学生和家长可以在学校电子平台上进行交流"和"跟学生或家长保持电话联系，以确保学生能够跟得上学习进度"，如图 16-3 所示。在有可比数据的国家中，约 2/3 的国家在全国范围内鼓励使用这些交流渠道；在剩余的大多数国家中，则由学校和地方政府做出家校交流的相关决定，如图 16-3 所示。例如在芬兰，尽管国家主管部门提出了关于保持家校交流顺畅的建议，但相关合作和交流的具体做法及其所有决定均由地方做出决策。

与上述相比，较不普遍的鼓励家校交流的方法包括："通过线上家长问卷调查来收集反馈"（占被调查国家的 33%）、"请家长参与低龄学习者的教学内容的规划"（34%）和"家访"（14%）。其中，在有可比数据的国家或地区中，仅 4 个国家采取了"家访"形式，分别为比利时（荷兰语区）、智利、爱尔兰和日本，如图 16-3 所示。

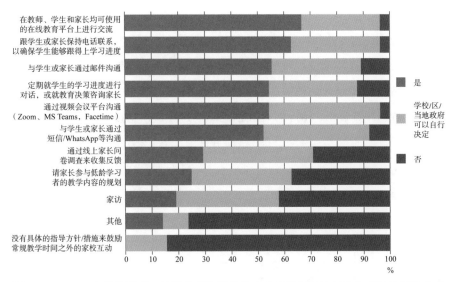

图 16-3　2020 年停课期间，鼓励教师与学生和 / 或家长互动的各种方式及使用该方式的国家所占比（初中教育）

注：根据 34 个 OECD 和伙伴国家的数据（不包括反馈"不知道"/"不适用"的国家）。大多数国家小学和高中的反馈是相似的。互动类型按回答为"是"的国家占比降序排列。

资料来源：OECD/ 联合国教科文组织 / 联合国儿童基金会 / 世界银行关于新冠疫情的特别调查，2021 年 3 月。

三、让教师做好远程或"线上""线下"结合教学的准备

为了确保疫情期间学生学习的连贯性，所有 OECD 国家的教育系统都向远程教学或"线上""线下"结合的学习模式进行了转变。大多数国家都向其教师提供了支持以帮助其适应这一转变（覆盖学前教育到高中教育阶段），如图 16-4 所示。全国性措施在各国都被普遍推行时，有的国家或地区的地方政府也提供支持（如奥地利、比利时荷兰语区和法语区、捷克、西班牙和法国），也有国家或地区以学校为单位提供支持（如奥地利、比利时荷兰语区和法语区、爱沙尼亚、德国和韩国）。在该特别调查涵盖的 34 个国家中，最常见的支持形式是提供远程教学的渠道（如电视、广播、学习平台等）和经过改编的教学内容（如以开放教育资源的形式、示例教案的形式等）。

经过此次新冠疫情，OECD 国家意识到信息技术方面（如信息技术工具的

使用和互联网的接入）的差异是最值得关注的领域。许多国家聚焦于提高学生
使用信息技术机会的同时，应该关注教师也需要这方面的支持。在新冠疫情期
间，缺乏使用信息技术设备和互联网的机会是欧洲教师在转向远程教学时最常
提到的挑战之一（34% 的教师在接受 2020 年 4、5 月学校教育门户平台的调查
时称）。特别调查显示，70% 的 OECD 国家通过提供信息技术设备或者免费的
互联网准入（如计算机、移动设备、移动宽带凭证等）来给教师提供支持，如图
16-4 所示。

在国家一级提供每种支持的国家所占百分比

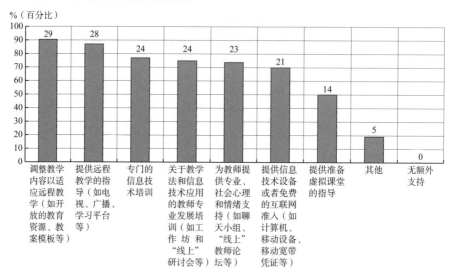

图 16-4　2020 年为教师转向远程教学提供支持的各种方式及使用该方式国家的百分比
注：根据 34 个 OECD 和伙伴国家的数据。报告"不知道"/"不适用"的国家未纳入计算。
资料来源：OECD/ 联合国教科文组织 / 联合国儿童基金会 / 世界银行关于新冠疫情的特别调查，
2021 年 3 月。

在新冠疫情之前，PISA 2018 的数据表明，各国教师在将信息技术融入
教学方面的准备程度（技术层面和教学层面）存在很大差异。在奥地利，80%
的教师表现出了在信息技术方面充足的准备（据他们的校长反馈），但在日
本，这一比例仅为 27%（OECD，2020[3]）。参与特别调查的国家中有 3/4 在
新冠疫情期间向教师提供了关于信息技术或信息技术在教学中的有效使用的
专业培训。

从接受远程教学工具培训的教师所占比例来看，各国差异很大，一半以上的国家甚至无法报告获得此类支持的教师的具体人数。如果教师实际获得信息技术培训的情况是未知的，学生能否获得高质量的远程教育也就不得而知，如图 16-5 所示。

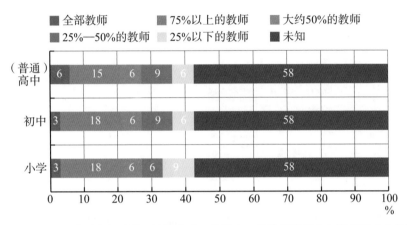

图 16-5　为应对新冠疫情，教师接受远程教育工具使用培训在各学段的分布情况

资料来源：OECD/ 联合国教科文组织 / 联合国儿童基金会 / 世界银行关于新冠疫情的特别调查，2021 年 3 月。

为了帮助教师适应远程教学或"线上""线下"相结合的教学方式，政府已经采取了一系列措施来支持教师的相关专业发展。从全学段角度来看，最常见的政府支持形式是开发面向新教师的培训和课程（平均 74% 的国家采取此措施），以及开发新的远程教学所需的信息技术和自学工具（约 73% 的国家采取此措施）。相比之下，相对间接的支持措施则比较少见，如对学校问责制的改革、质量保证规则的制定，以及基于线上教学效果的教师评估方法的改革等，如图 16-6 所示。现今这种紧急情况导致国家无法及时设计和实施此类措施。只有 6 个国家（奥地利、以色列、日本、拉脱维亚、波兰和土耳其）改革了学校问责制和质量保证规则和程序，其中 5 个国家（以色列、日本、拉脱维亚、波兰和土耳其）还对教师评估制度进行了改革。此外，在一些国家，学校、区或当地政府可以自行决定对教师专业发展支持的类型（如西班牙和瑞典）。

除此之外，在接受调查的国家中，近半数聚焦于建立、扩展、支持教师网络

向初中教师提供各类支持的国家所占比

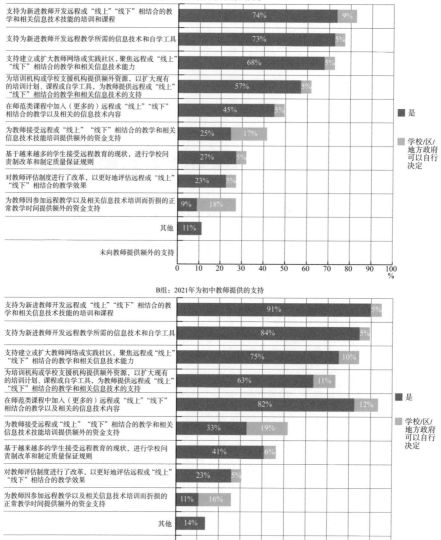

图 16-6　为帮助教师更有效地利用信息技术开展远程或"线上""线下"相结合的教学而提供的各种专业支持方式

注："2020"是指政府在 2020 年为教师提供的支持，帮助他们更有效地使用信息技术工具和为远程或"线上""线下"结合教学做好准备。"2021"是指政府计划在 2021 年为教师专业学习提供的支持，帮助他们更有效地使用信息技术工具和为远程或"线上""线下"结合教学做好准备。报告"不知道"/"不适用"的国家未纳入计算。

资料来源：OECD/ 教科文组织国际信息系统 / 联合国儿童基金会 / 世界银行关于新冠疫情特别调查，2021 年 3 月。

或实践社区。当协作学习被纳入整个系统和学校指定目标时，教师的技能和专业知识将得到有效增强（OECD，2019[13]）。在疫情之前，很少有 OECD 国家致力于加强教师之间的协作或反馈；与传统形式的教师专业发展培训（如课程和研讨会）相比，教师在这种专业性网络活动中的参与度、同伴观察或指导也很有限（OECD，2019[15]；OECD，2019[13]）。因此令人鼓舞的是，在暴发新冠疫情后，68% 的被调查国家创建了教师网络或实践社区。新冠疫情后期的数字化浪潮中，连同自下而上、教师主导、教师相互支持的一系列举措，加速了教师协作网络或社区的创建和 / 或改进。在一些国家或地区，例如比利时荷兰语区，在现有的在线教育平台（如 KlasCement）上，通过重新设计的教师论坛和新的网络研讨会（Minea-Pic，2020）来支持教师之间的交流。韩国等其他国家的政府则建立了新的教师协作网络。韩国政府建立了一个社群，邀请了一万名精通远程教学的教师代表加入其中，帮助其他教师适应和解决与远程教学相关的问题（OECD，2019[13]）。

接受调查的国家大都表示会在 2021 年继续为全学段的教师提供专业学习的支持。在师范类课程中加入远程或"线上""线下"相结合的教学以及相关的信息技术内容将成为一种趋势，如图 16-6B 组所示。超过 80% 的国家计划在 2021 年给初中教师提供此类支持，但在 2020 年，这个比例仅为 45%。随着教育系统数字化的加速推进，师范教育需要更强的支持，因为人们开始认识到调整师范教育的课程和拓宽未来教师的技能领域的重要性，否则将无法适应快速变化的技能需求。比利时、俄罗斯、斯洛伐克和斯洛文尼亚等国计划在 2021 年为师范教育新增此类支持。

由新冠疫情引起的卫生相关限制导致许多教师的专业学习活动向"线上"过渡。政府已经为教师提供了一系列数字化的专业学习机会。例如在拉脱维亚，自 2020 年 10 月以来，教师所有持续的专业发展培训活动都转移至"线上"。特别调查显示，2020 年的在线教师专业学习经常以数字资源库、信息页面或指南的形式进行。

教师间互助协作的（在促进教师学习方面具有巨大潜力）的学习模式变得很常见，如教师社区或与同伴互动的网络研讨会等。超过 60% 的受调查国家或地区提供了教师间互助协作的专业学习机会；许多教师也自发地利用一些自下而上的渠道（如社交媒体、教师论坛等）来获得更多信息技术的学习机会和资源，并且由于其成员强烈的学习自驱力，这些"线上"社区通常是更可持续的（Minea-Pic，2020[17]；OECD，2019[13]；Vangrieken 等人，2017[18]）。例如在挪威，教育与培训理事会一直活跃在数字学习方面的社交平台上，并聚集了 5 万多名成员。

对许多不熟悉在线学习模式的教师而言，向在线或"线上""线下"相结合的教师专业培训模式的过渡是具有挑战性的。新冠疫情之前，在 OECD 国家中，教师的"线上"专业发展培训是有限的。与其他职业相比，教师更难通过跟上新产品和服务潮流来进行学习（Minea-Pic，2020[17]）。各国现已为教师在新冠疫情期间进行在线专业学习提供了支持，如为教师提供信息技术的培训和与信息技术相关的专业学习，以培养教师数字化教学的能力。

然而，单凭技术是不足以确保教师的专业学习质量的。其他功能性设计能够帮助提高教师专业学习的有效性（如在线社区中有经验的主持人、提高课程完成率的行为干预等）（Minea-Pic,2020[17]；Dede et al,2016[19]）。因此，对于教师（和成人）来说，"线上""线下"相结合的学习环境比单纯的虚拟环境更有利于他们的学习，无论是以课程还是社区的形式（Escueta et al.,2017[20]；Matzat,2010[21]）。此外，"线上""线下"相结合的教学形式相对灵活，可以提供多种学习模式的选择，从而降低成本，减少时间带来的限制并整合更有效的学习形式，如教练式辅导、导师制辅导或外部支持（教育基金会，2020[22]）。然而，抗疫政策和学校关闭仍然对各国采取"线上""线下"相结合的教师专业教育模式造成了一定的限制。各国往往通过网络研讨会、同伴互助协作以及在线教师社区，来实现"线上""线下"相结合的教师专业教育。同时，特别调查显示，大多数国家将在 2020—2021 学年继续推行"线上""线下"相结合的教师专业教育，这为逐步增强教师专业教育的数字化程度以及向更多"线上""线下"相结合的学习模式的过渡提供了机会，如图 16-7 所示。

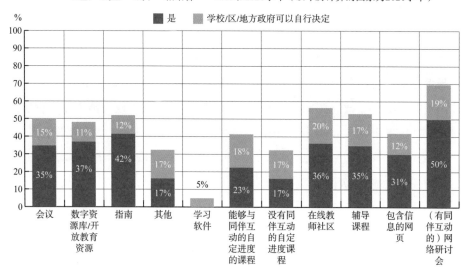

以下列形式开展教师专业培训的国家所占百分比

图 16-7　为应对疫情，各国为教师提供在线或者"线上""线下"结合的专业培训的情况

注：报告"不知道"/"不适用"的国家未纳入计算。

资料来源：OECD/ 教科文组织国际信息系统 / 联合国儿童基金会 / 世界银行关于新冠疫情特别调查，2021 年 3 月。

第十七章　新冠疫情下的教育财政政策

国家的公共支出能为政府提供广泛的支持，包括对教育、卫生以及维护公共秩序和安全。预算分配的决策取决于国家对这些服务优先级别的判断和私有资金对其提供支持的力度。教育是所有政府都进行干预、指导和提供财政支持的领域。由于市场不能保证公平、平等的教育机会，政府对教育的财政支持是必要的，以确保所有社会成员都能接受教育。

诸如人口变化及经济趋势方面的政策选择或外力冲击，都会对公共经费的使用方式产生影响。就像 2008 年的金融危机一样，本次新冠疫情可能对社会经济造成重大影响，教育也是其中之一。

尽管 2008 年的金融危机重创了各国经济，但多国政府开支削减计划都有所延迟。2008 年至 2009 年，尽管所有 OECD 国家的经济增长都有所放缓，但教育方面的公共支出仍在持续增加，如图 17-1 所示。经济放缓的迹象第一次出现在 2010 年，政府在当时采取了财政紧缩措施，削减了政府预算，也对教育预算产生了影响。2009 年至 2010 年，约 1/3 的 OECD 国家的教育预算有所下降（OECD，2013[23]）。自 2013 年以来，教育财政支出的增长往往与国家整体经济增长密切相关，如图 17-1 所示。

一、新冠疫情期间的教育支出

教育似乎仍然是国家财政预算优先考虑的领域。特别调查的结果表明，2020 年，很大一部分 OECD 国家增加了专门用于教育支出的预算，以应对新冠疫情带来的影响。2020 年，在有可比数据的国家中，约 65% 的国家明确增加了中小学教育的预算，如表 17-1 所示，其他国家的预算保持不变，没有任何国家减少教育预算。

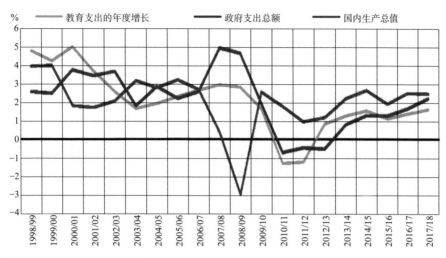

支出和国内生产总值的实际数额

图 17-1　1999 年至 2018 年 OECD 国家的教育支出的年度增长、政府支出总额和
国内生产总值

注：本图中支出和国内生产总值均为实值。由于缺乏完整的时间序列，该数据不包括来自加拿大、智利、哥伦比亚、哥斯达黎加、爱尔兰、日本、墨西哥、新西兰和土耳其的数据。有关政府支出的数据根据政府职能进行分类，该分类将支出分为 10 项：一般公共服务、国防、公共秩序和安全、经济事务、环境保护、住房和社区设施、健康、娱乐、文化和宗教、教育和社会保障。
资料来源：OECD 国民账户数据库，2021 年 3 月（http://www.cecd.org/sdd/na/）。

表 17-1　为应对疫情，各国在 2020—2021 年计划做出的教育预算改变的情况（中小学）

	2019—2020 学年公共支出总额（以年历计算的国家为 2020 年）		2020—2021 学年公共支出总额（以年历计算的国家为 2021 年）	
增加	比利时荷兰语区、比利时法语区、哥伦比亚、英格兰（英国）、爱沙尼亚、芬兰、法国、德国、以色列、意大利、日本、拉脱维亚、立陶宛、荷兰、挪威、葡萄牙、俄罗斯、斯洛伐克、斯洛文尼亚、西班牙、瑞典、土耳其	65%	奥地利、比利时（荷兰语区）、比利时（法语区）、加拿大、哥伦比亚、捷克、英格兰（英国）、爱沙尼亚、芬兰、法国、德国、爱尔兰、以色列、日本、拉脱维亚、立陶宛、荷兰、挪威、葡萄牙、俄罗斯、斯洛文尼亚、西班牙、瑞典、土耳其	71%
不做改变	奥地利、加拿大、智利、哥斯达黎加、捷克、匈牙利、爱尔兰	21%	哥斯达黎加、匈牙利、斯洛伐克	9%
不知道	丹麦、韩国、新西兰、波兰、瑞士	15%	智利、丹麦、意大利、韩国、新西兰、波兰、瑞士	21%
共计	34		34	

注：（1）在日本，2019—2020 学年开始于 2019 年 4 月，结束于 2020 年 3 月；2020—2021 学年开始于 2020 年 4 月，结束于 2021 年 3 月。

（2）在智利，支出总额没有变化，但支出分配发生了重大变化。

资料来源：OECD/ 联合国教科文组织 / 联合国儿童基金会 / 世界银行关于新冠疫情的特别调查，2021 年 3 月。

2020 年，中小学教育财政预算的增长主要集中在当年度的支出。当年度的支出包括员工薪酬和学校运转所需产品和服务的支出。但是，各国对当年度支出的分配采取了不同的方式。例如，丹麦、法国和匈牙利等国安排了额外的拨款，用于购买卫生防护设备和支付清洁费用；法国向教育工作人员提供了奖金，来确保某些特殊情况下公共服务的连续性；芬兰资助了一些专门的学习项目，用以弥补弱势群体（如母语非芬兰语的学生、有特殊教育需要或有移民背景的学生）在远程教学期间学习上的损失；新西兰的教育开支也有所增加，用以满足教师的福利需要。法国还向国家远程教育中心以及 2020 年暑假期间大规模实施的"开放学校"运动提供了额外的财政支持。

有时，额外的财政拨款也分配给了资本性支出。资本性支出是指用于购买或维护使用年限在一年以上的资产所需的支出。法国、捷克、匈牙利、新西兰和波兰也因为购买互联网接入服务和计算机设备（硬件和软件）而增加了财政拨款。

OECD 及其伙伴国家在 2020 年增加教育支出方面所做的努力预计将在 2021 年延续下去。事实上，与 2020 年的数据相比，在 2021 年，有更多的国家计划增加中小学的教育预算，如表 17-1 所示。

2020—2021 年，教育财政支出的增加在高等教育领域尤为重要。为了应对新冠疫情造成的影响，OECD 及其伙伴国家在 2020 年和 2021 年分别增加教育拨款 65% 和 71%。高等教育是受此次疫情影响最大的学段之一。国际学生通常要比国内学生支付更高的学费，这为资助高等教育机构做出了重大的贡献（OECD，2017[24]）。因此，疫情导致的流动限制可能对高校财政产生重大影响。在加拿大，预计在 2020—2021 学年，疫情对大学收入造成的影响在 3.77 亿美元到 34 亿美元之间（或 0.8%—7.5% 的预期收入）（加拿大统计局，2020[25]）。预计美国也会受到类似的影响，在 2020 年至 2021 年期间，美国的国际学生减少了 16%。疫情还对劳动力市场产生了影响。在一些国家，这种影响导致了对高等教育的需求增加。为此，芬兰、挪威和瑞典等国为高等教育投入了更多的资源，以保证更多学生能够接受高等教育。其他国家，如澳大利亚、加拿大、新西兰和美国已经采取措施，包括增加学生贷款，并为学生提供额外的支持，以支付额外的课程费用（OECD，2020[26]）。

一些国家也报告，很难具体明确，受到疫情影响时，向教育系统划拨额外的公共支出金额，因为有时财政决策是由地方政府做出的，如表 17-1 所示。

二、分配标准

各国在因疫情而额外拨付的教育财政支出的分配标准各不相同，如图 17-2 所示。近 50% 的国家是按照班级学生人数来分配的，还有约 50% 的国家按照其他标准分配，如每所学校教师的人数、学校的具体情况和需求、学校的类型（公立或私立）等。还有一部分国家（比例在 30%—40% 之间）根据有特殊社会经济特征或有特殊教育需要的学生比例来分配，同时这些经费也会用在此类学生的教育上，如图 17-2 所示。

值得注意的是，大多数国家很难明确他们为财政分配而采取的措施，因为2020 年新冠疫情暴发之时，恰逢 2019—2020 学年中段，而且国家层面的统计数据尚未公布，抑或一些决策是先在区域、地方政府层面做出的。因此，很难在短时间内对政府额外拨付的财政支出制定规则。表 17-2 显示了初中阶段分配政策上的变化。意大利、拉脱维亚、葡萄牙和斯洛文尼亚等国仅对分配规则中的一条标准做出了修改，其余国家则修改了多条标准。

一些国家举例说明了导致公共教育支出变化的原因。例如，新冠疫情期间，斯洛伐克出于对教师在家使用自己的资源工作以及到校在高危环境下授课的补偿，增加了教师的工资；在土耳其，由于在线课程时长减少了 10 分钟，教师的课时也相应减少。

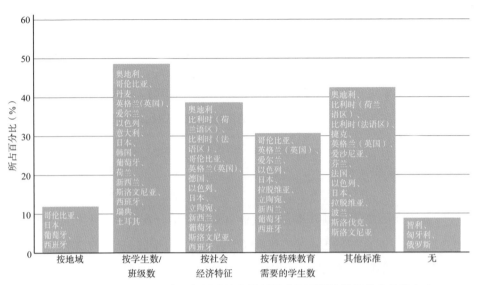

图 17-2　2020—2021 年，各国或地区因新冠疫情而额外拨付的公共资金 /
　　　　资源的分配标准所占百分比

注：根据 34 个 OECD 及其伙伴国家的数据。

资料来源：OECD/ 联合国教科文组织 / 联合国儿童基金会 / 世界银行关于新冠疫情的特别调查，
2021 年 3 月。

表 17-2　预计 2020 年（与 2019 年相比）因疫情而改变公共教育资源分配的国家（初中）

	班级大小	学生接受的教学时长	在校教师数	教师的教学时长	实际教师工资（包括津贴）
增加			爱尔兰、意大利、葡萄牙、西班牙、土耳其		立陶宛、斯洛伐克、斯洛文尼亚
减少	丹麦、爱尔兰、西班牙	丹麦、立陶宛、斯洛伐克、土耳其		立陶宛、斯洛伐克	

资料来源：OECD/ 联合国教科文组织 / 联合国儿童基金会 / 世界银行关于新冠疫情的特别调查，
2021 年 3 月。

第十八章　谁来做决策

中央政府、州政府、地方政府和学校之间根据实际情况分摊决策责任，对于确保新冠疫情期间各级单位的灵敏度和应急能力至关重要。

新冠疫情期间的决策分配

特别调查询问了在疫情期间哪一个级别的机构负责对一系列实际的教育问题做出决策。调查结果呈现如下规律：一方面，关闭学校的决定大多数是在中央政府层面决定的，充分考虑了健康方面的因素。这使得各国教育部门的负责人能够迅速对新冠疫情做出反应，不仅保证了教育产品的供给，也保证了学生和教职员工的健康。另一方面，有关教学安排和教学方式的决定大多是由学校层面决定，如图 18–1 所示。

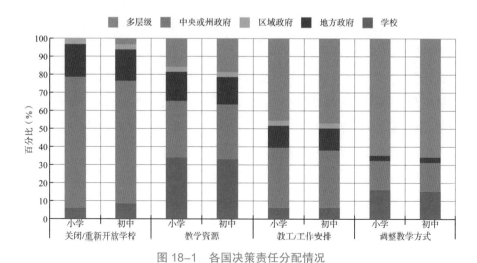

图 18–1　各国决策责任分配情况

资料来源：OECD/ 联合国教科文组织 / 联合国儿童基金会 / 世界银行关于新冠疫情的特别调查，2021 年 3 月。

在大多数有可比数据的国家和地区，事关学校关闭的决策都是由中央政府做出的。在接受调查的国家中，有 2/3 的国家由中央或州政府完全自主决定关闭或者开放小学和初中学校。这些决策通常是基于专家组的建议做出的，如荷兰的疫情管理小组、哥伦比亚的卫生部以及爱尔兰的国家公共卫生应急小组。在比利时、匈牙利、俄罗斯和立陶宛等国，这一决策是在中央政府规定的框架内由区域政府或其他层级政府自行做出的。韩国是唯一的由政府和教育系统内其他机构共同做出学校关闭决策的国家。而在瑞典，小学从未关闭过。

在 1/3 以上的受调查国家中，关于教学资源的决策是在多个层级做出的。在法国，教育部授权国家远程教育中心提出有关在线教育平台的建议，再由地方政府负责设计虚拟教学环境和教学内容。在西班牙，中央、区域和地方政府负责提供教育资源以确保学习的连贯性。在斯洛文尼亚，国家政府与国家教育学院合作，提供信息化教学资源给有需要的学生，如计算机、平板、免费的移动数据包等。芬兰是唯一由地方政府负责教学内容并做出决策的国家。而在英格兰（英国）、立陶宛、葡萄牙、斯洛伐克以及瑞典（中学），针对教学内容的决策是由学校做出的。

在大约一半的受调查国家或地区中，学校有权对教学和工作安排做出决定。这类决定涵盖了一系列要素，包括在学生不在校的情况下，教师的工作时长和对教师的工作要求等。比利时、荷兰、波兰、俄罗斯和斯洛伐克等国的学校有完全的自主权。智利、捷克、爱沙尼亚、挪威和斯洛文尼亚等国的学校需要在地方、区域乃至中央政府制定的框架下做出决策。而在奥地利、哥伦比亚、哥斯达黎加、法国、以色列、拉脱维亚和土耳其等国，由中央政府做出有关教学和工作安排的决策。加拿大、德国和瑞士则由州政府决定。

在超过一半的受调查国家中，学校有权对教学方式做出决策。这类决策包括：远程教育工具的选择、教学内容的调整、与家长或更大社会群体保持沟通的渠道等。在奥地利、哥斯达黎加、德国、斯洛文尼亚和土耳其等国，中央或州政府直接对这类问题做出规定，尽管在这些国家，实现的形式各不相同。例如，在德国，州政府会在咨询过后做出规定；在斯洛文尼亚，中央政府会与国家教育学院合作共同决策；在其他国家，有的学校根据更高层级政府的指示做出决策（如立陶宛），有的则有完全的自主权，如表 18-1 所示。在智利、哥伦比亚、丹麦和日本等国，学校在中央政府制定的框架下进行决策。在爱尔兰，多个主体为关闭学校期间的教育教学决策提供指导意见，这些主体包括学校管理层、员工委员会、教师联盟和教育督导部门。

表 18-1　调整教学方式做出决策的层级与自主程度情况

自主程度	关于调整教学方式做出决策的层级			
	多层级	中央或州政府	区域政府	学校
完全自主				比利时（荷兰语区）、比利时（法语区）、加拿大、捷克、英格兰（英国）、爱沙尼亚、拉脱维亚、荷兰、挪威、波兰、斯洛伐克
需经过咨商		德国		立陶宛
在一定框架下	韩国	土耳其	匈牙利	智利、哥伦比亚、丹麦、法国、日本、葡萄牙
其他		斯洛文尼亚		新西兰

资料来源：OECD/ 联合国教科文组织 / 联合国儿童基金会 / 世界银行关于新冠疫情的特别调查，2021 年 3 月。

表 18-2　各国决策层级分布情况

决策内容	关于教学调整的决策层级				
	多级	中央或州政府	区域政府	当地政府	学校
关于学校关闭或者复课的决定（根据疫情变化）	韩国、立陶宛、挪威（中学）	奥地利、比利时（法语区）、加拿大、智利、哥伦比亚、哥斯达黎加、捷克、丹麦、英格兰（英国）、爱沙尼亚、芬兰	比利时荷兰语区、匈牙利、意大利、新西兰、俄罗斯、西班牙	日本	瑞典（中学）
关于学校关闭或者复课的决定（根据疫情变化）		法国、德国、爱尔兰、以色列、拉脱维亚、荷兰、挪威（小学）、波兰、葡萄牙、斯洛伐克、斯洛文尼亚、瑞士、土耳其			

（续表）

决策内容	关于教学调整的决策层级				
	多级	中央或州政府	区域政府	当地政府	学校
关于停课期间教学资源分配的决策	哥伦比亚、丹麦、爱沙尼亚、法国、德国、韩国、新西兰、挪威、斯洛文尼亚、西班牙、瑞士	奥地利、比利时法语区、加拿大、哥斯达黎加、爱尔兰、以色列、拉脱维亚、荷兰、波兰、土耳其	比利时（荷兰语区）、捷克、匈牙利、意大利、俄罗斯	芬兰	智利、英格兰（英国）、立陶宛、葡萄牙、斯洛伐克、瑞典（中学）
关于停课期间教师教学/工作要求的决策	爱尔兰、韩国	奥地利、加拿大、哥伦比亚、哥斯达黎加、法国、德国、以色列、拉脱维亚、葡萄牙、瑞士、土耳其	匈牙利、日本、新西兰、西班牙	芬兰	比利时（荷兰语区）、比利时（法语区）、智利、捷克、丹麦、英格兰（英国）、爱沙尼亚、意大利、立陶宛、荷兰、挪威、波兰、俄罗斯、斯洛伐克、斯洛文尼亚、瑞典（中学）
关于停课/复课期间教师教学方式调整的决策	芬兰、爱尔兰、韩国、俄罗斯、西班牙	奥地利、哥斯达黎加、德国、斯洛文尼亚、土耳其	匈牙利		比利时（荷兰语区）、比利时（法语区）、加拿大、智利、哥伦比亚、捷克、丹麦、英格兰（英国）、爱沙尼亚、法国、以色列、日本、立陶宛、拉脱维亚、荷兰、新西兰、挪威、波兰、葡萄牙、斯洛伐克、瑞典（中学）

注：该国家关于该事项的决策层面在不同学段有差异。

资料来源：OECD/联合国教科文组织/联合国儿童基金会/世界银行关于新冠疫情特别调查，2021年3月。

参考文献
References

[1] ROSER, M. ET AL. , Coronavirus Pandemic (COVID-19)［J］, Our World in Data(2020), https：//ourworldindata.org/coronavirus (accessed on 29 March 2021).

[2] HANUSHEK, E. AND L. WOESSMANN, The Economic Impacts of Learning Losses［R］OECD, Paris（2020）.

[3] OECD（2020）, PISA 2018 Results（Volume V）：Effective Policies, Successful Schools, Pisa, OECD Publishing, Paris, https：//dx.doi.org/10.1787/ca768d40-en.

[4] OECD , Lessons for Education from COVID-19：A Policy Maker's Handbook for More Resilient Systems, Paris OECD Publishing,（2020）, https：//dx.doi.org/10.1787/0a530888-en.

[5] OECD , Flattening the COVID-19 peak：Containment and mitigation policies,（2020）https：//read.oecd-ilibrary.org/view/?ref=124_124999-yt5ggxirhc&title=Flattening_the_COVID-19_peak-Containment_and_mitigation_policies（accessed on 24 August 2020）.

[6] European Centre for Disease Prevention and Control, COVID-19 vaccination and prioritisation strategies in the EU/EEA, ECDC：Stockholm.（2020）

[7] OECD , "Indicator D6 What Evaluation and Assessment Mechanisms are in Place?" , in Education at a Glance 2015：OECD Indicators, Paris OECD Publishing, (2015) https：//dx.doi.org/10.1787/eag-2015-35-en.

[8] BOESKENS, L. AND D. NUSCHE , "Not enough hours in the day：
Policies that shape teachers' use of time" [M], OECD Education
Working Papers, No. 245, OECD Publishing：Paris（2021）. https：//
dx.doi.org/10.1787/15990b42-en.

[9] MELUZZI, F. , Strengthening online learning when schools are closed：The
role of families and teachers in supporting students during the COVID-19
crisis, The OECD Forum Network,（2020）http：//www.oecd.org/
coronavirus/policy-responses/strengthening-online-learning-when-schools-
are-closed-therole-of-families-and-teachers-in-supporting-students-during-
the-covid-19-crisis-c4ecba6c/（accessed on 19 March 2021）.

[10] OECD , PISA 2018 Results（Volume III）：What School Life Means for
Students' Lives, PISA Paris, OECD Publishing,（2019）https：//dx.doi.
org/10.1787/acd78851-en.

[11] OECD , PISA 2018 Results（Volume II）：Where All Students Can
Succeed, PISA：OECD Publishing,（2019）Paris, https：//dx.doi.
org/10.1787/b5fd1b8f-en.

[12] OECD (Forthcoming), OECD Skills Outlook 2021, Paris OECD [J]
Publishing, 2021.

[13] OECD , TALIS 2018 Results（Volume I）：Teachers and School Leaders
as Lifelong Learners, TALIS, Paris OECD Publishing,（2019）, https：//
dx.doi.org/10.1787/1d0bc92a-en.

[14] SCHOOL EDUCATION GATEWAY (n.d.), Survey on online and distance
learning – Results, https：//www. schooleducationgateway.eu/en/pub/
viewpoints/surveys/survey-on-online-teaching.htm (accessed on 24 July
2020).

[15] OECD（2019）, Working and Learning Together：Rethinking Human
Resource Policies for Schools, OECD Reviews of School Resources,
Paris, OECD Publishing, https：//dx.doi.org/10.1787/b7aaf050-en.

[16] MINEA-PIC, A., Flemish Community of Belgium：KlasCement, Education continuity stories series,OECD, Paris,（2020）https：//www. klascement.net/（accessed on 8 March 2021）.

[17] MINEA-PIC, A.，"Innovating teachers' professional learning through digital technologies"，OECD Education Working Papers, No. 237, Paris, OECD Publishing,（2020）https：//www.oecd-ilibrary.org/ education/innovating-teachers-professional-learning-through-digital-technologies_3329fae9-en（accessed on 24 February 2021）.

[18] Vangrieken, K. et al. (2017), Teacher communities as a context for professional development：A systematic review, Elsevier Ltd, http：// dx.doi.org/10.1016/j.tate.2016.10.001.

[19] DEDE, C. ET AL.，Teacher Learning in the Digital Age：Online Professional Development in STEM Education,（2016）. https：//www. hepg.org/hep-home/books/teacher-learning-in-the-digital-age（accessed on 30 July 2020）.

[20] ESCUETA, M. ET AL.，Education Technology：An Evidence-Based Review［J］, National Bureau of Economic Research （NBER）,Cambridge, MA,（2017）http：//www.nber.org/papers/w23744.

[21] Matzat, U.，Reducing Problems of Sociability in Online Communities：Integrating Online Communication With Offline Interaction［J］, American Behavioral Scientist, Vol. 53/8,（2010）：1170-1193, http：// dx.doi.org/10.1177/0002764209356249.

[22] Education Endowment Foundation, Remote Professional Development, Rapid Evidence Assessment, London：Education Endowment Foundation （2020）, http：//www.educationendowmentfoundation.org.uk（accessed on 8 March 2021）.

[23] OECD,"What is the impact of the economic crisis on public education spending？"，Education Indicators in Focus, No. 18, Paris OECD

Publishing(2013), https：//doi.org/10.1787/5jzbb2sprz20-en(accessed on 27 May 2020).

[24] OECD，"Tuition fee reforms and international mobility"，Education Indicators in Focus, No. 51, Paris, ：OECD Publishing, （2017）https：// dx.doi.org/10.1787/2dbe470a-en.

[25] STATCAN (2020), The Daily — Financial information of universities for the 2018/2019 school yearand projected impact of COVID–19 for 2020/2021, https：//www150.statcan.gc.ca/n1/dailyquotidien/201008/ dq201008b-eng.htm (accessed on 10 March 2021).

[26] OECD（2020）, Education at a Glance 2020：OECD Indicators, OECD Publishing, Paris, https：//dx.doi.org/10.1787/69096873-en.

图书在版编目（CIP）数据

不寻常的一年 / 李永智，(德) 安德烈亚斯·施莱歇尔著. —2版.— 上海：上海教育出版社，2023.11
ISBN 978-7-5720-2373-6

Ⅰ.①不… Ⅱ.①李…②安… Ⅲ.①网络教育－教育研究－世界 Ⅳ.①G434

中国国家版本馆CIP数据核字(2023)第204465号

原书的下篇由OECD以英文出版，标题为：The State of School Education: One Year into the COVID Pandemic OECD 2021, https://doi.org/10.1787/201dde84-en

本书非OECD官方译本，翻译质量及其与原著的一致性均由译者负责。若出现翻译与原文（英文）不符的情况，请以原文为准。简体中文版由上海教育出版社出版，版权所有，违者必究。

本书所表达的观点和采用的论据不代表OECD或其他成员国政府的官方看法。

本书及所包含的任何数据和地图均无意侵犯任何领土的地位及主权，不影响任何国际边界的划分，也不影响任何地域、城市和地区的名称。

有关以色列的统计数据由以色列当局提供并负责。OECD使用这些数据无意损害国际法条款对戈兰高地、东耶路撒冷、约旦河西岸犹太人定居点的界定。

上海市版权局著作权合同登记号 图字 09-2022-0184 号

策划编辑　刘　芳
责任编辑　李　玮
封面设计　陆　弦

不寻常的一年
李永智
[德] 安德烈亚斯·施莱歇尔　　著

出版发行　**上海教育出版社有限公司**
官　　网　www.seph.com.cn
地　　址　上海市闵行区号景路159弄C座
邮　　编　201101
印　　刷　上海盛通时代印刷有限公司
开　　本　700×1000　1/16　印张 12　插页 5
字　　数　200 千字
版　　次　2023年11月第2版
印　　次　2023年11月第1次印刷
书　　号　ISBN 978-7-5720-2373-6/G·2105
定　　价　98.00 元

如发现质量问题，读者可向本社调换　电话：021-64373213